Manual das
Certidões Negativas de Débito

P332m   Paulsen, Leandro
       Manual das certidões negativas de débito / Leandro Paulsen.
     – Porto Alegre: Livraria do Advogado Editora, 2009.
       127 p.; 21 cm.
       ISBN 978-85-7348-624-7

       1. Direito tributário. 2. Certidão negatica. I. Título.

              CDU – 351.7

       Índice para o catálogo sistemático:
    Direito tributário
    Certidão Negativa

Leandro Paulsen

Manual das
Certidões Negativas de Débito

Porto Alegre, 2009

© Leandro Paulsen, 2009

Capa, projeto gráfico e diagramação
Livraria do Advogado Editora

Revisão
Rosane Marques Borba

Direitos desta edição reservados por
Livraria do Advogado Editora Ltda.
Rua Riachuelo, 1338
90010-273 Porto Alegre RS
Fone/fax: 0800-51-7522
editora@livrariadoadvogado.com.br
www.doadvogado.com.br

Impresso no Brasil / Printed in Brazil

Nota do autor

São do dia-a-dia dos Contribuintes, do Fisco e do Judiciário os problemas relativos às certidões negativas de débitos.

Ademais, como a falta de certidão negativa ou com tais efeitos impede o tráfego jurídico no que toca a diversos atos da vida das empresas, muitas vezes a matéria tem de ser tratada com urgência pelos advogados, pelos auditores, pelos procuradores e pelos juízes, de modo que dispor de uma exposição clara e objetiva sobre o assunto, em seus aspectos materiais e processuais, pode ser bastante útil.

O tratamento das certidões negativas em caráter monográfico, ainda que de modo simples e conciso, permite melhor compreender a matéria.

Esperamos contribuir para a análise e a solução dos casos.

Sumário

1. Noções fundamentais 9
  1.1. Conceito de certidão 9
  1.2. Todos têm direito à certificação da sua situação fiscal 11
  1.3. A exigência de certidão para a prática de atos depende de lei .. 14
  1.4. É inconstitucional a lei que, ao exigir CND, incorra em irracionalidade ou comprometa desproporcionalmente direito do contribuinte 17
  1.5. Pessoalidade da situação fiscal 27
2. Espécies de certidão de situação fiscal 33
  2.1. Certidão negativa de débitos 35
  2.2. Certidão positiva de débitos 45
  2.3. Certidão positiva de débitos com efeitos de negativa 46
3. O requerimento de certidão e seu indeferimento 63
  3.1. Requerimento via Internet ou perante as unidades da RFB .. 63
  3.2. Análise das razões do indeferimento tácito ou expresso 66
    3.2.1. Simples omissão, excesso de trabalho ou greve 66
    3.2.2. Não-apresentação de declarações 68
    3.2.3. Declaração ou confissão de débito 70
    3.2.4. Divergência entre os valores declarados e pagos 75
    3.2.5. Lançamento (Auto de Infração, Notificação Fiscal de Lançamento de Débito etc.) 76
    3.2.6. Débitos de terceiros 85
4. Instrumentos processuais 91
  4.1. O mandado de segurança em matéria tributária 91
  4.2. Mandado de segurança contra a não-expedição de certidão .. 95
  4.3. Mandado de segurança contra a expedição de Certidão Positiva de Débitos 96
  4.4. Ação Cautelar de Caução como antecipação de penhora 99

Referências bibliográficas 105

Legislação anexa 107
- CF, art. 5º, XXXIV. Dispõe sobre o direito fundamental a certidões sobre a situação da pessoa 107
- CF, art. 195, § 3º. Veda a contratação e o recebimento de benefícios ou incentivos fiscais ou creditícios por pessoa jurídica em débito com a Seguridade Social 107
- CTN, arts. 130, 191-A, 192, 193 e 205 a 208. Exigem a apresentação de certidões e dispõem sobre as normas gerais sobre as certidões negativas e positivas com efeitos de negativa 107
- CPC, art. 1026. Condiciona o julgamento da partilha ao pagamento do ITCMD 109
- DECRETO-LEI Nº 1.715/1979. Regula a expedição de certidão de quitação de tributos federais e extingue a declaração de devedor remisso 109
- LEI nº 8.212/1991, arts. 32, IV e § 10, e 47, I e II. Veda a concessão de CND a empresa que não apresente declarações e especifica os atos para os quais se exige CND 110
- LEI nº 8.666/1993, arts. 27, IV, e 29, III e IV. Exige certidões negativas para a habilitação em licitação 110
- LEI nº 9.051/1995. Dispõe sobre a expedição de certidões para a defesa de direitos e esclarecimentos de situações 111
- LEI nº 9.069/1995. Condiciona a concessão ou o reconhecimento de qualquer incentivo ou benefício fiscal administrado pela SRF à comprovação da quitação de tributos 111
- DECRETO nº 4.543/2002, art. 118. Condiciona a concessão ou reconhecimento de qualquer incentivo ou benefício fiscal relativos ao imposto de importação à comprovação da quitação de tributos 112
- ATO DECLARATÓRIO EXECUTIVO CORAT nº 37/2003. Especifica casos de emissão, via Internet, da Certidão Positiva de Tributos e Contribuições Federais, com Efeitos de Negativa 112
- INSTRUÇÃO NORMATIVA SRF nº 438/2004. Dispõe sobre a prova de regularidade fiscal de imóvel rural 113
- LEI nº 11.101/2005, arts. 52, II, e 57. Dispensa e exige a apresentação de certidões negativas em matéria de recuperação judicial 117
- LEI nº 11.128/2005, art. 1º. Condiciona a adesão ao Programa Universidade para Todos e a permanência no programa, à comprovação da quitação de tributos 117
- DECRETO nº 6.106/2007. Dispõe sobre a prova de regularidade fiscal perante a Fazenda Nacional 118
- IN RFB nº 734/2007. Dispõe sobre a emissão de certidões de prova de regularidade fiscal perante a Fazenda Nacional quanto aos tributos administrados pela Secretaria da Receita Federal do Brasil e dá outras providências 119
- PORTARIA CONJUNTA PGFN/RFB nº 3/2007. Dispõe sobre a prova de regularidade fiscal perante a Fazenda Nacional e dá outras providências 122

1. Noções fundamentais

1.1. Conceito de certidão

O que é exatamente uma certidão e, em particular, uma certidão negativa de débitos?

Conforme Pedro Nunes, certidão é a "Reprodução textual e autêntica, portada de fé, de escrito original, ou assento, extraída de livro de registro ou de notas públicas, papéis, peças judiciais ou autos, por oficial público, escrivão ou qualquer outro serventuário ou funcionário competente, que os tenha a seu cargo, em seu poder ou cartório".[1]

Também De Plácido e Silva, de modo semelhante, dizendo que "no rigor da técnica jurídica, certidão expressa toda cópia autêntica ou transunto, feito pro pessoa que tenha fé pública, de teor de ato escrito, registrado em autos ou em livro". Aponta que difere do traslado, porque este sempre é *verbum ad verbum*, "enquanto a certidão pode consistir em resumo do documento ou do ato inscrito nos livros do cartório ou da escrivania".[2]

Vê-se que o conceito comporta vários elementos.

---

[1] NUNES, Pedro. *Dicionário de Tecnologia Jurídica*, 12ª edição, 1990.

[2] DE PLÁCIDO E SILVA. *Vocabulário Jurídico*. Vol. I. 11ª ed. São Paulo: Forense, 1961, p. 417.

Em primeiro lugar, certidão é uma reprodução textual e autêntica de escrito original. Assim, implica produzir novamente, tal e qual, o que já foi produzido, o que já consta de escrito original. A certidão, pois, é reprodução fiel do que já existe, nem mais, nem menos.

Em segundo lugar, é portada de fé, pois extraída de registros, livros, papéis ou autos por servidor competente que os tenha a seu cargo. A certidão, assim, tem um caráter oficial, uma vez que é extraída por quem, em razão das suas funções, tenha sob sua guarda e responsabilidade os originais ou a eles tenha acesso para fins de fornecimento de informação.

Em suma, "a expedição de uma certidão implica a extração de dados/informações constantes de arquivos, livros ou sistemas de determinada repartição. Não se compadece com especulações, com presunções. Exige o dado, o fato devidamente anotado ou registrado".[3]

A certidão relativa à situação fiscal do contribuinte, por conseqüência, será a reprodução textual fiel do que consta nos registros do Fisco a esse respeito, expedida por servidor a quem a legislação atribua tal competência.[4]

Tendo a certidão requerida, por objeto, a existência ou não de débitos tributários, isso é que será verificado pelo servidor nos registros e reproduzido fielmente na certidão, para conhecimento do próprio contribuinte e de terceiros a quem for apresentada.

Negativa será, pois, a certidão em que o servidor afirme não ter encontrado nenhum registro de débito em nome do contribuinte. Positiva, ao contrário, a que dê ao

---

[3] PAULSEN, Leandro. *Certidões Negativas de Débito.* Porto Alegre: Livraria do Advogado, 1999, p. 10.

[4] ALEXANDRE DE MORAES, ao cuidar do direito fundamental a certidões, também destaca que "o direito à expedição de certidão engloba o esclarecimento de situações já ocorridas, jamais sob hipóteses ou conjecturas relacionadas a situações ainda a serem esclarecidas". (MORAES, Alexandre de. *Direito Constitucional.* 16ª ed. São Paulo: Atlas, 2004, p. 190.)

conhecimento a existência de pelo menos um débito constante dos assentos do Fisco.

Indispensável, pois, perquirir como o binômio débito/crédito é disciplinado no Direito Tributário, mais especificamente, qual a informação constante dos assentos do Fisco que pode ser considerada como representativa de um débito.

Neste ponto, as normas gerais de Direito Tributário são fundamentais, cabendo ter em conta quando consideram constituído, suspenso, excluído ou extinto o crédito tributário, face à positiva do débito tributário. Só mediante o conhecimento de tais normas é que se poderá concluir quando efetivamente o servidor poderá certificar a existência de débito.

Esta análise é feita em capítulo adiante acerca das espécies de certidão de situação fiscal.

1.2. Todos têm direito à certificação da sua situação fiscal

A Constituição Federal de 1988 arrola dentre os direitos e garantias individuais a obtenção de certidões em repartições públicas para a defesa de direitos e esclarecimento de situações de interesse pessoal, *verbis*:

Art. 5º Todos são iguais perante a lei, sem distinção de qualquer natureza, garantindo-se aos brasileiros e aos estrangeiros residentes no País a inviolabilidade do direito à vida, à liberdade, à igualdade, à segurança e à propriedade, nos termos seguintes:
XXXIV – são a todos assegurados, independentemente do pagamento de taxas:
a) (...);
b) a obtenção de certidões em repartições públicas, para defesa de direitos e esclarecimento de situações de interesse pessoal;

Manual das Certidões Negativas de Débito

O contribuinte, pois, tem direito subjetivo à certificação da sua situação fiscal, independentemente do pagamento de taxas. A certidão deverá ser gratuita; jamais condicionada ao pagamento de qualquer valor, não sendo dado ao legislador federal, estadual ou municipal, tampouco às respectivas Administrações, estabelecerem contrapartidas a qualquer título, ainda que sob a denominação de indenização, ressarcimento de custos ou outra rubrica qualquer.[5]

Ainda que pretenda simplesmente saber da existência ou não de pendências suas para com o Fisco, da existência ou não de débitos em aberto, tem o direito a que sua situação fiscal quanto a tal aspecto seja certificada pelos servidores competentes da Secretaria da Fazenda do Estado ou do Município, da Receita Federal do Brasil ou da Procuradoria da Fazenda Nacional, dentre outros órgãos, conforme a organização administrativa de cada ente político.

É importante frisar, desde já, que os agentes públicos não podem, de modo algum, deixar de receber o pedido de certidão, negando-lhe protocolo. Vale a afirmação de Fernando Ferreira Moraes:

> Entendemos não ser compatível com a legalidade a simples negativa do servidor público em receber a petição ou o pedido de certidão pelo seu arbítrio de cabimento ou não do requerimento. Não poderá o administrador público se abster de protocolizar o pedido sob pena de violar direito constitucionalmente garantido por cláusula pétrea.[6]

Deve-se, notar, de outro lado, que inquestionável é o direito à certificação do que conste a tal respeito nos as-

---

[5] "(...) a certidão é um documento público que não comporta, por força da Constituição, cobrança de custas ou emolumentos. Entendemos ser de real importância, neste momento, ressaltar que estamos diante de uma norma constitucional, não cabendo, portanto, a aplicabilidade de qualquer outra norma infraconstitucional seja federal, estadual ou municipal, a que título for. Não poderá ser admitido conflito de normas, eis que se encontra hierarquicamente bem definido o contexto." (MORAES, Fernando Ferreira. *Direito de Certidão no Direito Constitucional e no Direito Administrativo – o Conflito.* 2ª ed. Florianópolis: OAB/SC, 2008, p. 49)

[6] MORAES, Fernando Ferreira. Op. cit., 2008, p. 60.

sentos públicos, ou seja, à certificação da existência ou não de débitos oponíveis ao contribuinte, conforme seja a sua situação individual. Por certo que o contribuinte não tem direito a que a certidão seja expedida nos exatos termos em que requerida (certidão negativa quando requerida certidão negativa, certidão positiva com efeitos de negativa quando assim requerida), mas tal e como conste dos assentos da Receita (seja negativa, positiva com efeitos de negativa ou simplesmente positiva, ainda que o requerimento diga respeito à certidão negativa).

Em face de um requerimento de certidão, deve ser certificada a situação do contribuinte, mesmo que para reproduzir os débitos em seu nome. Pode, pois, ocorrer de o contribuinte pretender a expedição de uma certidão negativa e lhe ser expedida certidão positiva, mas não pode simplesmente ser indeferido o pedido de certidão. Para negar-se ao contribuinte a certidão negativa, há que se expedir certidão em que constem os débitos em aberto, na medida em que o ato administrativo é, no caso, vinculado e deve ser motivado. Ou seja, em face de qualquer pedido de certidão, ainda que o contribuinte faça constar do pedido "certidão negativa", deve o Fisco considerá-lo como um pedido de certificação da situação fiscal do contribuinte, atendendo-o prontamente.[7]

Sendo o direito à certidão de caráter fundamental, não há justificativa para o não-atendimento do requerimento de certidão. Configurarão atos ilegais tanto a negativa do servidor de expedir certidão quanto à situação fiscal do contribuinte requerente quanto à demora superior ao prazo legal de dez dias previsto no art. 205, parágrafo único,

---

[7] "É importante frisar que a responsabilidade do administrador Público não está restrita a prestar as informações na forma do requerimento, mas sim no contexto dos fatos e dos atos administrativos verdadeiros e, por isso,quando no pedido houver fundamentação na busca de fatos que não correspondem à verdade, a certidão deverá especificar a incompatibilidade entre os fatos verdadeiros e o pedido." (MORAES, Fernando Ferreira. Op. cit., p. 58).

Manual das Certidões Negativas de Débito

do CTN,[8] ensejando, assim, o ajuizamento de mandado de segurança, o que é tratado em capítulo específico adiante.

1.3. A exigência de certidão para a prática de atos depende de lei

O livre exercício de qualquer trabalho, ofício ou profissão, atendidas as qualificações profissionais estabelecidas por lei, é assegurado constitucionalmente como garantia fundamental:

Art. 5º (...)

XIII – é livre o exercício de qualquer trabalho, ofício ou profissão, atendidas as qualificações profissionais que a lei estabelecer;

Também o livre exercício de qualquer atividade econômica, independentemente de autorização dos órgãos públicos, é assegurado expressamente pela Constituição ao tratar dos princípios da ordem econômica:

Art. 170. A ordem econômica, fundada na valorização do trabalho humano e na livre iniciativa, tem por fim assegurar a todos existência digna, conforme os ditames da justiça social, observados os seguintes princípios:

(...)

Parágrafo único. É assegurado a todos o livre exercício de qualquer atividade econômica, independentemente de autorização de órgãos públicos, salvo nos casos previstos em lei.

Tem-se, assim, que a liberdade é a premissa fundamental em tal matéria, sendo pertinente, também, a invocação da garantia constante do art. 5º, inciso II, da Constituição,

---

[8] As normas gerais em matéria de legislação tributária, tal como a disciplina da certificação da situação do contribuinte perante o Fisco, tratada nos arts. 205 a 208 do CTN, estão sob reserva de lei complementar, nos termos do art. 146, III, da CF. Assim, e também por se tratar de norma especial relativa especificamente à matéria tributária, o prazo de 10 dias estabelecido pelo parágrafo único do art. 205 do CTN prevalece sobre o prazo geral de 15 dias para obtenção de certidões, estabelecido pelo art. 1º da Lei 9.051/95.

de que "II – ninguém será obrigado a fazer ou deixar de fazer alguma coisa senão em virtude de lei;".

Ninguém pode ser impedido, pois, mesmo que temporariamente, de exercer determinada atividade econômica ou de praticar atos que dizem respeito ao seu exercício em razão do descumprimento de condição não prevista em lei. O mesmo se pode dizer quanto à prática de qualquer ato da vida civil.

O condicionamento da prática de atos à ostentação de certidão negativa de débitos, pois, só tem sustentação quando amparado em lei inequívoca que estabeleça a exigência.

O Código Tributário Nacional, ao regular a exigência e a expedição de certidões de regularidade fiscal em seus arts. 205 a 208 do CTN, também é expresso no sentido de que apenas a lei poderá exigir a apresentação de certidão negativa:

> Art. 205. A lei poderá exigir que a prova da quitação de determinado tributo, quando exigível, seja feita por certidão negativa, expedida à vista de requerimento do interessado, que contenha todas as informações necessárias à identificação de sua pessoa, domicílio fiscal e ramo de negócio ou atividade e indique o período a que se refere o pedido.

Não há que se dizer que as únicas hipóteses de apresentação de CND sejam as previstas no CTN, como defende parte da doutrina.[9] Mas, sim, que se trata de reserva

---

[9] "O art. 205 do CTN não diz que a lei pode exigir a prova de quitação de tributos como condição para a prática deste ou daquele ato, como se poderia concluir de uma leitura menos atenta desse dispositivo legal. Nele reside norma pertinente apenas à forma de provar a quitação. Norma a dizer que a lei poderá determinar que a prova de quitação se faça mediante certidão negativa, quando essa prova seja exigível. Uma coisa é saber em que hipóteses pode ser exigida, do contribuinte, a prova de quitação de tributos. Outra, assaz diversa, é a questão da forma de comprovar essa quitação, quando legalmente exigível. (...) Lei ordinária, seja federal, estadual ou municipal, que amplia o alcance das exigência de quitação, contidas nos artigos 191, 192 e 193 do CTN, ou institui outras hipóteses para formulação dessa exigência, padece de inconstitucionalidade, tanto formal, quanto substancial. Inconstitucionalidade formal haverá porque, como dito acima, cuida-se de matéria que só por lei complementar pode ser regulada. Inconstitucionalidade substancial também haverá porque tal lei estará em aberto

absoluta, e não simplesmente relativa, de modo que é indispensável que lei ordinária preveja cada caso em que a apresentação de CND seja indispensável para a prática de um ato ou negócio jurídico.

Não se admite, pois, que o legislador ordinário estabeleça cláusula geral de comprovação de regularidade fiscal para atos a serem definidos pelo Executivo. Deve ele próprio, legislador, especificar os casos em que a apresentação da CND será exigida.

Eventuais atos normativos que inovem, condicionando a prática de atos à ostentação de certidão para casos não previstos em lei, serão inválidos por ilegais.

Vejamos casos em que o decreto regulamentador extrapolou os limites da lei, estabelecendo a exigência de apresentação de CND sem que tal constasse da lei regulamentada:

> Na forma do artigo 99 do Código Tributário Nacional, o conteúdo e alcance do decreto não pode dispor de forma diversa do conteúdo da lei que regulamenta. O Decreto nº 89.056/83, com redação alterada pelo Decreto nº 1.592, de 10-08-95, condiciona a renovação da autorização para funcionamento das empresas de vigilância à apresentação de CNDs da Fazenda Pública. bem como do comprovante de recolhimento do FGTS, dentre outras exigências. Todavia, a Lei nº 7.102. de 20 de junho de 1983, objeto de regulamentação pelo Decreto nº 89.056/83, não fazia menção alguma quanto à necessidade de preenchimento de requisitos para a obtenção da mencionada renovação, extrapolando, assim, os limites do diploma legal que regulamenta, estando eivado de ilegalidade. (TRF4, 2ª T., AMS 1999.71.04.003158-2/RS, Juiz Vilson Darós, dez/00)

> (...) o fato de a exigência de apresentação de certidão negativa de débitos (...) ser imposta por decreto, e não por meio de lei, constitui ofensa aos artigos 1º, 5º, II, 84, IV, e 195, § 3º, da Constituição Federal, bem como enceta testilha com o disposto no artigo 205 do Código Tributário

conflito com normas da Constituição, em pelo menos dois importantes aspectos. Primeiro, porque afronta o art. 170, parágrafo único, da Constituição Federal. Segundo, porque institui forma oblíqua de cobrança de tributos, permitindo que esta aconteça sem o observância do devido processo legal." (MACHADO, Hugo de Brito. *A exigência de certidões negativas*, fev/01)

Nacional, já que a Lei nº 9.394/96 não contém essa exigência, a qual é estatuída pelo Decreto nº 3.860/2001 (art. 20, III e IV). (EDNALVA DE LIMA, Maria. Inconstitucionalidade e ilegalidade da exigência de certidão negativa de débito para credenciamento e recredenciamento de instituição de educação – autorização, reconhecimento e renovação de reconhecimento de cursos superiores. *RDDT* 116/99, mai/05)

Importa destacar que, constando diretamente do art. 205 do CTN a exigência de lei, o vício será de ilegalidade. A violação à Constituição, por ser indireta, sequer permite a discussão da matéria em recurso extraordinário.

1.4. É inconstitucional a lei que, ao exigir CND, incorra em irracionalidade ou comprometa desproporcionalmente direito do contribuinte

Ocorrem casos em que, embora haja previsão legal expressa no sentido da obrigatoriedade da apresentação da CND, uma análise mais detida revela a irrazoabilidade ou desproporção da medida, indicando sua inconstitucionalidade.

Tanto a razoabilidade como a proporcionalidade são princípios que asseguram o indivíduo contra medidas arbitrárias, sem sentido, que sejam desnecessárias para o fim que supostamente as tenham motivado, inadequadas para levar ao resultado prático pretendido ou desmesuradas (proporcionalidade em sentido estrito), estabelecidas com exagero, em dimensão incompatível com a finalidade buscada.

Nestes casos, a intervenção legal na esfera privada não se justificará, tendo em conta que o indivíduo tem sua liberdade, seu patrimônio e seus direitos sociais tutelados constitucionalmente e que medidas restritivas só se viabilizam no Estado de Direito quando revestidas de razoabilidade e de proporcionalidade. Ou seja, o legislador não pode estabelecer qualquer coisa, mas o que esteja em consonância com os princípios que resguardam ao mesmo tempo os interesses público, social e individual.

Assim, nem mesmo a lei poderá exigir a apresentação de CND como condição para o exercício de direitos como o de livre exercício de trabalho, ofício, profissão ou atividade econômica, de acesso à jurisdição, de liberdade de circulação de pessoas e de manifestação do pensamento.

Antes de passar à exemplificação de casos em que restaram reconhecidas inconstitucionalidades, contudo, é preciso destacar que não estamos afirmando o caráter absoluto de tais direitos e garantias.

Ao analisar caso de cancelamento de registro especial fundamentado na sistemática e contumaz inobservância da legislação tributária de indústria de cigarro, ramo em que a tributação é altíssima em razão da sua finalidade extrafiscal e seu cumprimento particularmente sensível quanto à sua indispensabilidade para a manutenção da igualdade e da preservação da concorrência, o Ministro Joaquim Barbosa pronunciou-se pela ausência de irrazoabilidade e de desproporcionalidade da medida, considerado o contexto excepcional:

> O Min. Joaquim Barbosa, relator, conheceu do recurso, mas lhe negou provimento. Salientou, inicialmente, que a Corte tem confirmado e garantido a proibição constitucional às sanções políticas, invocando o direito ao exercício de atividades econômicas e profissionais lícitas, a violação do *substantive due process of law* (a falta de proporcionalidade e razoabilidade de medidas gravosas que se predispõem a substituir os mecanismos de cobrança de créditos tributários) e a violação do devido processo legal manifestado no direito de acesso aos órgãos do Executivo ou do Judiciário tanto para controle da validade dos créditos tributários quanto para controle do próprio ato que culmina na restrição. Asseverou que essa orientação não serviria, entretanto, de escusa ao deliberado e temerário desrespeito à legislação tributária, não havendo se falar em sanção política se as restrições à prática de atividade econômica combatessem estruturas empresariais que se utilizassem da inadimplência tributária para obter maior vantagem concorrencial.

Assim, para ser reputada inconstitucional, a restrição ao exercício de atividade econômica deveria ser desproporcional e não-razoável. (...) O relator aduziu que o desate do caso seria, no entanto, mais sutil do que o reconhecimento, pura e simplesmente, do art. 2º, II, do Decreto-lei 1.593/77 como sanção política ou como salvaguarda da saúde pública e do equilíbrio concorrencial. Ou seja, a questão de fundo consistiria em saber se a interpretação específica adotada pelas autoridades fiscais, no caso concreto, caracterizaria sanção política, dada a ambigüidade do texto normativo em questão. Tendo em conta essa ambigüidade e a conseqüente falta de calibração expressa, a norma extraída a partir da interpretação do aludido dispositivo legal seria inconstitucional se atentasse contra um dos 3 parâmetros constitucionais: 1) a relevância do valor dos créditos tributários em aberto, cujo não pagamento implicaria a restrição ao funcionamento da empresa; 2) manutenção proporcional e razoável do devido processo legal de controle do ato de aplicação da penalidade; 3) manutenção proporcional e razoável do devido processo legal de controle de validade dos créditos tributários cujo não-pagamento importaria na cassação do registro especial. O relator julgou atendidas essas 3 salvaguardas constitucionais, e concluiu que a interpretação dada pela Secretaria da Receita Federal não reduziria a norma ao status de sanção política. (...) Ressaltou que seriam relevantes tanto o montante dos créditos cuja compensação não fora homologada quanto o montante total do débito tributário atribuído à empresa. Além disso, o risco à efetividade da tutela jurisdicional relativa à cassação do registro especial, existente por ocasião do julgamento da AC 1657 MC/SP (DJU de 11.5.2007), enfraqueceria com o julgamento de mérito da questão, já que, realizado o controle de constitucionalidade incidental da norma, não haveria mais expectativa juridicamente relevante de reversão da penalidade. Ademais, não restaria demonstrado o risco à efetividade da tutela jurisdicional, no que se refere ao controle de validade dos créditos tributários cujo não-pagamento levaria à cassação do registro especial. Considerou, ainda, ausente a plausibilidade da tese que defenderia a possibilidade de compensação de créditos referentes às antigas obrigações do Estado, cujos títulos foram denominados "moeda podre", em virtude de sua duvidosa liquidez e de restrições postas pela legislação ordinária. Enfatizou pesarem, também, alegações gravíssimas contra a recorrente. Para o relator, diante do contexto excepcional, a parte deveria ter demonstrado com precisão os motivos que a levaram à sistemá-

Manual das Certidões Negativas de Débito

tica e contumaz inobservância das normas de tributação, não bastando apontar a inconstitucionalidade absoluta do dispositivo analisado.[10]

Assim como no caso acima referido, também se pode vir a considerar razoável e proporcional o indeferimento de registro de nova empresa quando travestir, sob nomes distintos, iniciativa empresarial continuada, conduzida com contumaz desrespeito às normas tributárias, revelado pela sistemática constituição e inativação de sociedades endividadas, pelas mesmas pessoas, para o exercício da mesma atividade econômica, em absoluto descumprimento da sua função social e em prejuízo também tanto do Fisco, como da concorrência.

Mas há vários exemplos de exigências cuja inconstitucionalidade já foi declarada.

Em setembro de 2008, julgando a ADIN 173, o STF reconheceu a inconstitucionalidade do art. 1º da Lei 7.711/88,[11] que exigia a comprovação da quitação de cré-

---

[10] Conforme notícia do voto proferido pelo Min. Joaquim Barbosa no início do julgamento do RE 550.769/RJ, em maio de 2008. O julgamento não foi concluído na oportunidade em razão de pedido de vista, nos termo do Informativo STF n° 505.

[11] Lei n° 7.711/1988: Art. 1º Sem prejuízo do disposto em leis especiais, a quitação de créditos tributários exigíveis, que tenham por objeto tributos e penalidades pecuniárias, bem como contribuições federais e outras imposições pecuniárias compulsórias, será comprovada nas seguintes hipóteses: I – transferência de domicílio para o exterior; II – habilitação e licitação promovida por órgão da administração federal direta, indireta ou fundacional ou por entidade controlada direta ou indiretamente pela União; III – registro ou arquivamento de contrato social, alteração contratual e distrato social perante o registro público competente, exceto quando praticado por microempresa, conforme definida na legislação de regência; IV – quando o valor da operação for igual ou superior ao equivalente a 5.000 (cinco mil) obrigações do Tesouro Nacional – OTNs: a) registro de contrato ou outros documentos em Cartórios de Registro de Títulos e Documentos; b) registro em Cartório de Registro de Imóveis; c) operação de empréstimo e de financiamento junto a instituição financeira, exceto quando destinada a saldar dívidas para com as Fazendas Nacional, Estaduais ou Municipais. § 1° Nos casos das alíneas a e b do inciso IV, a exigência deste artigo é aplicável às partes intervenientes. § 2° Para os fins de que trata este artigo, a Secretaria da Receita Federal, segundo normas a serem dispostas em Regulamento, remeterá periodicamente aos órgãos ou entidades sob a responsabilidade das quais se realizarem os atos mencionados nos incisos III e IV relação dos contribuintes com débitos que se tornarem definitivos na instância administrativa, procedendo às competentes

ditos tributários em diversas hipóteses como transferência de domicílio para o exterior, registro ou arquivamento de contrato social e sua alteração, operações de empréstimo e de financiamento junto a instituições financeiras em geral, conforme o Informativo 521 do STF:[12]

> O Tribunal conheceu parcialmente de duas ações diretas ajuizadas pela Confederação Nacional da Indústria – CNI e pelo Conselho Federal da Ordem dos Advogados do Brasil e, na parte conhecida, julgou procedente o pedido nelas formulado para declarar a inconstitucionalidade do art. 1º, I, III e IV, e §§ 1º, 2º e 3º da Lei 7.711/88, que obriga a comprovação de regularidade fiscal na hipótese de transferência de domicílio para o exterior, vincula o registro ou arquivamento de contrato social e atos similares à *quitação* de créditos tributários, e dispõe sobre a realização de convênios entre os entes federados para fiscalização do cumprimento das restrições. (...) No mérito, aplicou-se a orientação firmada em vários precedentes, e constante dos Enunciados 70, 323, 547, da Súmula do STF, no sentido da proibição constitucional às sanções políticas, sob pena de ofensa ao direito ao exercício de atividades econômicas e profissionais lícitas (CF, art. 170, parágrafo único), ao *substantive due process of law* (ante a falta de proporcionalidade e razoabilidade de medidas gravosas que se predispõem a substituir os mecanismos de cobrança de créditos tributários) e ao devido processo legal, manifestado na garantia de acesso aos órgãos do Executivo ou do Judiciário tanto para controle da validade dos créditos tributários quanto para controle do próprio ato que culmina na restrição. Precedentes citados: RE 413782/SC (DJU de 3.6.2005); RE 434987/RS (DJU de 14.12.2004); 424061/RS (DJU de 31.8.2004); RE 409956/RS (DJU de 31.8.2004); RE 414714/RS (DJU de 11.1.2004); RE 409958/RS (DJU de 5.11.2004). ADI 173/DF, rel. Min. Joaquim Barbosa, 25.9.2008. (ADI-173)

A exigência de Certidão Negativa de Débitos para a obtenção de autorização com vista à impressão de Notas Fiscais foi igualmente censurada pelo Supremo Tribunal

---

exclusões, nos casos de quitação ou garantia da dívida. § 3º A prova de quitação prevista neste artigo será feita por meio de certidão ou outro documento hábil, emitido pelo órgão competente.

[12] Em 11 de fevereiro de 2009 ainda não havia sido publicada a ementa.

Manual das Certidões Negativas de Débito

Federal. Sem regularidade fiscal, a empresa restaria praticamente paralisada:[13]

DÉBITO FISCAL – IMPRESSÃO DE NOTAS FISCAIS – PROIBIÇÃO – INSUBSISTÊNCIA. Surge conflitante com a Carta da República legislação estadual que proíbe a impressão de notas fiscais em bloco, subordinando o contribuinte, quando este se encontra em débito para com o fisco, ao requerimento de expedição, negócio a negócio, de nota fiscal avulsa. (STF, Plenário. RE 413.782/SC, rel. Min. Marco Aurélio, mar/05)

O Min. Celso de Mello, em rica decisão monocrática, abordou os diversos aspectos que a questão envolvia:

Sanções políticas no Direito Tributário. Inadmissibilidade da utilização, pelo poder público, de meios gravosos e indiretos de coerção estatal destinados a compelir o contribuinte inadimplente a pagar o tributo (Sú-

---

[13] Veja-se a análise feita pelo Desembargador do TJRS Roque Joaquim Volkweiss: "Temos ementado acórdão no seguinte teor: 'Não pode o Estado, sob pretexto algum, condicionar a concessão de 'autorização para a Impressão de Documentos Fiscais' (AIDOF ou AIDF), necessária ao exercício de atividade comercial, ao pagamento do crédito tributário vencido ou vincendo, ou mesmo à concessão de garantias ou à emissão de notas fiscais avulsas, que, no fundo, não passam de meios indiretos de coação para o pagamento daquele, sob pena de se inverter a ordem dos fatos e deixar a cargo do Estado o comando no exercício das atividades econômicas dos seus contribuintes, quando, na verdade, detém ele mera expectativa de via a participar, via tributária, da arrecadação empresarial, para cuja cobrança dispõe de meios próprios e até privilegiados. Interpretação e aplicação mediata dos arts. 5º (II e XIII) e 170, da CF/88, e, imediata, do sistema tributário nela consagrado (arts. 145 e 162), e das Súmulas nºs 70, 323 e 547 do STF, que, de um lado, apenas permitem ao Estado tributar situações de natureza privada, e não comandar ou dirigir o seu exercício, e, de outro, impedem que se utilize ele de meios coercitivos para o pagamento dos seus créditos'. (...) não há como admitir-se a repetida, desgastada e vazia insinuação do Fisco, de que o devedor dispõe, até que pague o seu débito,de notas fiscais avulsas, porque estas exigem, não só o carimbo e o visto da repartição fiscal, mas, também, o pagamento antecipado do tributo, obrigando o interessado, para a sua obtenção, a abandonar o recinto da sua empresa, como se o cliente ali ficasse aguardando o seu retorno. É submeter o contribuinte a uma 'via crucis' interminável, constrangendo-o a buscar uma nota para cada venda, num total retrocesso e tortura desumana. Imagine-se, por exemplo, m supermercado, ou uma empresa com um único vendedor. Quem irá à procura da distante repartição, para, a cada venda, obter nota avulsa? Permitir-se que o Fisco assim proceda é, além de tudo, deixar a porta aberta ao conhecido chá-de-banco, que não passa de ato arbitrário e velada coação, autorizando a autoridade administrativa a fazer justiça pelas próprias mãos, o que é terminantemente vedado." (VOLKWEISS, Roque Joaquim. *Direito Tributário Nacional*. 3ª ed. Porto Alegre: Livraria do Advogado, 2002, p. 100 e 102)

mulas 70, 323 e 547 do STF). Restrições estatais, que, fundadas em exigências que transgridem os postulados da razoabilidade e da proporcionalidade em sentido estrito, culminam por inviabilizar, sem justo fundamento, o exercício, pelo sujeito passivo da obrigação tributária, de atividade econômica ou profissional lícita. Limitações arbitrárias que não podem ser impostas pelo Estado ao contribuinte em débito, sob pena de ofensa ao 'substantive *due process of law'*. Impossibilidade constitucional de o Estado legislar de modo abusivo ou imoderado (RTJ 160/140-141 – RTJ 173/807-808 – RTJ 178/22-24). O poder de tributar – que encontra limitações essenciais no próprio texto constitucional, instituídas em favor do contribuinte – 'não pode chegar à desmedida do poder de destruir' (Min. Orosimbo Nonato, RDA 34/132). A prerrogativa estatal de tributar traduz poder cujo exercício não pode comprometer a liberdade de trabalho, de comércio e de indústria do contribuinte. A significação tutelar, em nosso sistema jurídico, do 'estatuto constitucional do contribuinte'. (...) A importância da nota fiscal ou AIDF para o desenvolvimento das atividades comerciais de uma empresa seja ela de indústria ou comércio, decorre do fato de que somente por meio destas é que se torna possível oficializar e documentar operações de circulação de mercadorias, a ponto de que sem essas, a circulação de mercadoria é atividade ilícita, punível, inclusive, com a respectiva apreensão das mesmas. Neste sentido, revela-se, pois, totalmente imprópria à figura da nota fiscal avulsa, solução muito justificada por fiscais de ICMS e Procuradores de Estado em audiências que solicitam ao Poder Judiciário, mas que, na prática, constitui artimanha muito maliciosa que só serve para prejudicar o contribuinte, em circunstância totalmente defesa em lei, como adiante ficará elucidada. Não raro, a fiscalização aponta, como recurso em situações de desagrado ao contribuinte, o uso das chamadas 'notas fiscais avulsas'. Fazem-no, por certo, por desconhecimento de toda a gama de obtusa burocracia que envolve a sua expedição (...) Em suma: a prerrogativa institucional de tributar, que o ordenamento positivo reconhece ao Estado, não lhe outorga o poder de suprimir (ou de inviabilizar) direitos de caráter fundamental, constitucionalmente assegurados ao contribuinte, pois este dispõe, nos termos da própria Carta Política, de um sistema de proteção destinado a amparálo contra eventuais excessos cometidos pelo poder tributante ou, ainda, contra exigências irrazoáveis veiculadas em diplomas normativos por este editados".[14]

---

[14] RE 374981/RS. Aconselhamos a leitura integral dessa decisão, disponível no *site* do STF.

Manual das Certidões Negativas de Débito

Outro caso que também mereceu pronunciamento tanto a nível regional como no âmbito do Supremo Tribunal Federal é o do art. 19 da Lei 11.033/04,[15] que passou a exigir a apresentação de Certidão Negativa de Débitos de tributos federais, estaduais, municipais e de FGTS para o levantamento dos depósitos de precatório nas execuções contra a Fazenda Pública. Os acórdãos abaixo, do TRF4 e do STF, merecem uma leitura atenta:

ARGÜIÇÃO DE INCONSTITUCIONALIDADE – ART. 19 DA LEI Nº 11.033/2004 – VIOLAÇÃO AO ART. 100 DA CONSTITUIÇÃO, À GARANTIA PÉTREA DO RESPEITO À COISA JULGADA E AOS PRINCÍPIOS DA PROPORCIONALIDADE E DA RAZOABILIDADE. 1 – O art. 19 da Lei nº 11.033, de 21 de dezembro de 2004, ao condicionar o levantamento de valores de precatório judicial, ou a autorização para seu depósito em conta bancária, à apresentação de certidão negativa de tributos federais, estaduais, municipais, e certidão de regularidade para com a Seguridade Social, o Fundo de Garantia do Tempo de Serviço-FGTS e a Dívida Ativa da União, padece de inconstitucionalidade por ofensa ao art. 100 da Constituição de 1988 e aos princípios do devido processo legal, da razoabilidade e da proporcionalidade. 2 – O art. 100 da Constituição regula exaustivamente o pagamento por precatório, estabelecendo (§1º) a obrigatoriedade da inclusão da verba necessária no orçamento das entidades de direito público e sua consignação (§2º) diretamente ao Poder Judiciário, cabendo ao Presidente do Tribunal que proferir a decisão exeqüenda determinar o pagamento segundo as possibilidades do depósito, não restando espaço para o que o legislador ordinário crie quaisquer restrições ao cumprimento dessa ordem. Tais restrições, em derradeira análise, acabam por violar a coisa julgada, cuja efetividade é protegida pelo art. 100 da Constituição. 3 – As restrições criadas pelo art. 19 da Lei nº 11.033/2004 violam o princípio da proporcionalidade porque são desnecessárias ao atingimento de seus fins, uma vez que a Fazenda já detém suficientes instrumentos de garantia de seus créditos, entre os quais a compensação, o arresto e a penhora, o arrolamento de bens e a medida cautelar fiscal, além de ser

---

[15] Lei 11.033/04: "Art. 19. O levantamento ou a autorização para depósito em conta bancária de valores decorrentes de precatório judicial somente poderá ocorrer mediante a apresentação ao juízo de certidão negativa de tributos federais, estaduais, municipais, bem como certidão de regularidade para com a Seguridade Social, (...) FGTS e a Dívida Ativa da União, depois de ouvida a Fazenda Pública (...)."

desarrazoado exigir do credor que prove à Fazenda que nada lhe deve, através de certidões que devem ser expedidas pela própria Fazenda. 4 – Fere o princípio do devido processo legal condicionar a realização do direito do credor, já consagrado por decisão judicial transita em julgado, após o trâmite de processo em que foram observados o contraditório e a ampla defesa, a formalidades destinadas a proteger créditos fazendários não submetidos a igual procedimento. (TRF4, Corte Especial, INAG 2005.04.01.017909-2, Rel. o Des. Fed. Antônio Albino Ramos de Oliveira, mar/06)

AÇÃO DIRETA DE INCONSTITUCIONALIDADE. PRECATÓRIOS. ART. 19 DA LEI NACIONAL Nº 11.033, DE 21 DE DEZEMBRO DE 2004. AFRONTA AOS ARTS. 5º, INC. XXXVI, E 100 DA CONSTITUI-ÇÃO DA REPÚBLICA. 1. O art. 19 da Lei n. 11.033/04 impõe condições para o levantamento dos valores do precatório devido pela Fazenda Pública. 2. A norma infraconstitucional estatuiu condição para a satisfação do direito do jurisdicionado – constitucionalmente garantido – que não se contém na norma fundamental da República. 3. A matéria relativa a precatórios não chama a atuação do legislador infraconstitucional, menos ainda para impor restrições que não se coadunam com o direito à efetividade da jurisdição e o respeito à coisa julgada. 4. O condicionamento do levantamento do que é devido por força de decisão judicial ou de autorização para o depósito em conta bancária de valores decorrentes de precatório judicial, estabelecido pela norma questionada, agrava o que vem estatuído como dever da Fazenda Pública em face de obrigação que se tenha reconhecido judicialmente em razão e nas condições estabelecidas pelo Poder Judiciário, não se mesclando, confundindo ou, menos ainda, frustrando pela existência paralela de débitos de outra fonte e natureza que, eventualmente, o jurisdicionado tenha com a Fazenda Pública. 5. Entendimento contrário avilta o princípio da separação de poderes e, a um só tempo, restringe o vigor e a eficácia das decisões judiciais ou da satisfação a elas devida. 6. Os requisitos definidos para a satisfação dos precatórios somente podem ser fixados pela Constituição, a saber: a requisição do pagamento pelo Presidente do Tribunal que tenha proferido a decisão; a inclusão, no orçamento das entidades políticas, das verbas necessárias ao pagamento de precatórios apresentados até 1º de julho de cada ano; o pagamento atualizado até o final do exercício seguinte ao da apresentação dos precatórios, observada a ordem cronológica de sua apresentação. 7. A determinação de condicionantes e requisitos para o levantamento ou a autorização para depósito em conta bancária de valores decorrentes de precatórios judiciais, que não aqueles constantes de norma constitucio-

Manual das Certidões Negativas de Débito

nal, ofende os princípios da garantia da jurisdição efetiva (art. 5º, inc. XXXVI) e o art. 100 e seus incisos, não podendo ser tida como válida a norma que, ao fixar novos requisitos, embaraça o levantamento dos precatórios. 8. Ação Direta de Inconstitucionalidade julgada procedente. (STF, Plenário, ADI 3453, Min. Cármen Lúcia, nov/06)

Destacamos que, por vezes, a violação à razoabilidade ou à proporcionalidade estarão associadas à violação de dispositivo constitucional capaz, por si só, de implicar a invalidade da lei. É o que ocorre no caso do condicionamento da adesão ao SIMPLES NACIONAL à apresentação de Certidão Negativa de Débitos ou de Certidão Positiva de Débitos com Efeitos de Negativa, em que o objetivo não apenas desborda do escopo do programa (irrazoabilidade) e o condicionamento implica ônus demasiado ao credor já na fase de recebimento dos valores (desproporcionalidade), como é veiculado por lei ordinária quando a matéria atinente ao tratamento tributário diferenciado e favorecido para as microempresas e empresas de pequeno porte está sob reserva de lei complementar (hierarquia das leis):

Trata-se de agravo de instrumento interposto contra decisão que indeferiu o pedido de liminar sob o fundamento de que o agravante possui débitos perante as Fazendas Públicas Estadual e Municipal, cuja exigibilidade não se encontra suspensa. Defende o agravante, em síntese, que impedir a sua adesão ao SIMPLES Nacional em razão de débitos pendentes se consubstancia em ato abusivo. Diz que existem procedimentos adequados para a cobrança dos créditos. Vieram os autos conclusos. É o relatório. Decido. (...) Em relação ao requisito 'relevante fundamento do pedido', há ressaltar que o ato coator tem como fundamento o disposto no artigo 17 da Lei Complementar nº 123, *verbis*: Art. 17. Não poderão recolher os impostos e contribuições na forma do Simples Nacional a microempresa ou a empresa de pequeno porte: (...) V – que possua débito com o Instituto Nacional do Seguro Social – INSS, ou com as Fazendas Públicas Federal, Estadual ou Municipal, cuja exigibilidade não esteja suspensa; (...) Em que pese a lei efetivamente preveja a existência de débitos pendentes como óbice à adesão ao Simples Nacional, entendo que o dispositivo contraria a Constituição Federal. Isso porque dispõe o artigo 146, III, *d*, da CF que: Art. 146. Cabe à lei complementar: (...) III – estabelecer normas gerais em matéria de legislação tributária, especialmente sobre: (...) d) definição de tratamento diferenciado e favorecido para as microempresas e para as empresas de pequeno porte, inclusive regimes especiais ou simplificados no caso do imposto previsto no art. 155, II, das contribuições previstas no art. 195, I, e §§ 12 e 13, e da contribuição a que se refere o art. 239. Ora, quando a Constituição fala em tratamento favorecido, o faz em atendimento ao porte das empresas beneficiadas e com o objetivo de incentivar a manutenção de suas atividades. (...) entendo que o requisito desborda dos escopos constitucionais do programa, bem como das diretrizes previstas no Capítulo da Ordem Econômica, de modo que não pode ser apontado como óbice à inclusão da empresa no programa. Isto posto, concedo o efeito suspensivo, autorizando a inclusão da empresa no SIMPLES independentemente do requisito da regularidade fiscal. (TRF4, AG 2007.04.00.029804-4, Segunda Turma, Relator Leandro Paulsen, decisão monocrática, D.E. 10/10/2007)

Conclui-se, pois, que a previsão em lei, embora requisito indispensável para a exigibilidade da apresentação de CND, não é por si suficiente para afastar a possibilidade da sua análise crítica. Quando a exigência implicar restrição irrazoável e desproporcional a direitos do contribuinte, encobrindo o que há muito se designa como sanção política,[16] poderá ser questionada sob a perspectiva da sua incompatibilidade com o Texto Constitucional.[17]

1.5. Pessoalidade da situação fiscal

Cada pessoa, física ou jurídica, é sujeito de direitos e obrigações próprias.

[16] Conforme visto na transcrita decisão do Min. Celso de Mello.

[17] As leis provêm do Poder Legislativo e gozam de presunção de compatibilidade com a Constituição. Assim, o seu afastamento depende de demonstração consistente da incompatibilidade, mediante fundamentação séria e bem trabalhada. Não se deve alegar ou reconhecer inconstitucionalidades de modo leviano, mas apenas quando, submetida a lei a uma análise criteriosa, restar evidenciado que aplicá-la implicaria violar normas superiores.

Manual das Certidões Negativas de Débito

As pessoas físicas dos sócios não se confundem com a pessoa jurídica por eles constituída. Sócios e sociedade são contribuintes distintos e, salvo casos excepcionais de desconsideração da personalidade jurídica, não há confusão patrimonial possível.

O fato de os sócios poderem vir a ser responsabilizados por tributos devidos pela sociedade, por sua vez, também não justifica, por si só, tomar as dívidas da sociedade como se do sócio fossem, pois os casos de responsabilidade tributária têm seus pressupostos de fato específicos, que demandam apuração em processo administrativo regular.[18] Ademais, a exigibilidade do crédito contra o responsável depende, ainda, de condição suspensiva consubstanciada pelo inadimplemento e insolvência (em sentido amplo) do contribuinte, do que deve ser dada ciência ao responsável.

Com tal premissa é que tem decidido o STJ ao censurar o condicionamento da expedição de certidão para pessoa física ao pagamento de dívida da empresa de que é sócio:

---

[18] Apurada a responsabilidade e devidamente notificada ao terceiro, é ele devedor do respectivo montante. Efetivamente, dívida e responsabilidade já não são conceitos passíveis de serem trabalhados com independência. É certo que BRINZ propôs a distinção entre dívida e responsabilidade em suas obras *Der begriff obligatio* (1874) e *Obligatio und Haftung* (1886). Hoje, contudo, embora mantenha seu valor didático, está superada. As obrigações jurídicas caracterizam-se justamente pela sua exigibilidade forçada. Não há obrigação jurídica sem responsabilidade, nem responsabilidade sem uma obrigação descumprida. LUIS DÍEZ-PICAZO sintetiza a questao: "(...) si bien en períodos históricos anteriores la deuda y la responsabilidad, como fenómenos jurídicos, han podido aparecer y funcionar con independencia, en el Derecho Moderno no ocurre así. La distinción entre deuda y responsabilidad suministra unos datos conceptuales de gran utilidad para construir el concepto de obligación. Deuda y responsabilidad son dos ingredientes institucionales del fenómeno de la obligación, pero no constituyen dos situaciones jurídicamente autónomas y distintas. La responsabilidad sólo encuentra su justificación a través de la idea previa de deber jurídico. Se es responsable porque se debe o se ha debido algo. La responsabilidad es pues una forma de sanción del incumplimiento del débito, que es un acto antijurídico. Así pensadas las cosas, no existe responsabilidad sin que previamente exista deber y un deber que quiera ser calificado como deber jurídico tiene que llevar aparejada una sanción que, bajo una u otra forma, constituye responsabilidad." (*Fundamentos del Derecho Civil Patrimonial*. Vol. II. 6ª ed. Navarra: Thomson/Civitas, 2008, p. 102/103)

1. A existência de débito em nome da sociedade, inscrito em dívida ativa, não constitui, por si só, empecilho à expedição de certidão negativa em nome do sócio-cotista, contra o qual não houve lançamento algum, que não figura como responsável na certidão de dívida ativa e contra o qual não foi proposta execução fiscal. (STJ, 1ª T., REsp 721569/ES, Rel. Ministro TEORI ALBINO ZAVASCKI, set/05)

PROCESSO CIVIL E TRIBUTÁRIO – EMPRESA INADIMPLENTE PERANTE O FISCO – CERTIDÃO NEGATIVA – FORNECIMENTO AO SÓCIO NA QUALIDADE DE PESSOA FÍSICA (...) 2. A jurisprudência da Primeira Seção firmou-se no sentido de que não se admite a responsabilidade objetiva, mas subjetiva do sócio, não constituindo infração à lei o não-recolhimento de tributo, sendo necessária a prova de que agiu o mesmo dolosamente, com fraude ou excesso de poderes, excepcionando-se a hipótese de dissolução irregular da sociedade comercial. 3. Não se tratando de responsabilidade objetiva, tem o sócio, na qualidade de pessoa física, direito a certidão negativa de débito. 4. Recurso especial improvido. (STJ, 2ª T., REsp 439.198/ES, Min. ELIANA CALMON, mai/03)

Com mais razão, ainda, não há que se confundir sociedades distintas que tenham eventual sócio em comum. A personalidade jurídica própria de cada sociedade exige tratamento específico.

Débitos de uma sociedade só poderão ser considerados como débitos de outra quando forem devidamente apuradas hipóteses de solidariedade, de substituição ou de responsabilidade tributária. Nestes casos, contudo, já não se estarão invocando débitos alheios, mas débitos que, por alguma razão suficiente de direito e mediante o devido processo legal, sejam também próprios da pessoa jurídica que requeira a certificação, não implicando, pois, exceção à vedação de pura e simples confusão com a situação fiscal de terceiros.

Os precedentes são claros, também neste caso, ao exigirem o tratamento individualizado de cada pessoa jurídica para fins de certificação, impedindo que prevaleça obstáculo à expedição de certidão negativa fundado na dívida de outra sociedade:

TRIBUTÁRIO. CERTIDÃO NEGATIVA DE DÉBITOS. PESSOA JURÍDICA INADIMPLENTE COM MESMOS SÓCIOS DA PESSOA JURÍ-

Manual das Certidões Negativas de Débito

DICA QUE REQUER A CERTIDÃO. IMPOSSIBILIDADE DE RECUSA NO FORNECIMENTO DA CERTIDÃO 1. "O fato de um dos sócios de pessoa jurídica ser devedor do fisco, seja na qualidade de pessoa física ou de integrante de outra empresa que possua dívidas fiscais, não autoriza o Estado a recusar a expedição de certidão negativa de débitos à entidade que mantém o pagamento de seus tributos em dia" (REsp 493.135/ES, 2ª Turma, Rel. Min. João Otávio de Noronha, DJ de 03.08.2006). 2. Recurso especial a que se nega provimento. (REsp 792.570/RS, Rel. Ministro TEORI ALBINO ZAVASCKI, PRIMEIRA TURMA, julgado em 21/08/2008, DJe 01/09/2008)

EXPEDIÇÃO DE CERTIDÃO NEGATIVA DE DÉBITO TRIBUTÁRIO. NEGATIVA. SÓCIO INTEGRANTE DE OUTRA FIRMA DEVEDORA DO FISCO. DESCABIMENTO. Não tem cabimento a recusa de expedir certidão negativa de débito tributário a uma Sociedade, somente porque um dos seus sócios é integrante de outra firma devedora do Fisco. precedentes jurisprudenciais. Recurso desprovido. Decisão un. (STJ, 1ª T., REsp 73760-ES, Min. Demócrito Reinaldo, jun/98)

DÍVIDA ATIVA INSCRITA. CERTIDÃO NEGATIVA DE DÉBITO. PESSOA JURÍDICA. SÓCIOS. CTN, Art. 135, III. 1. A pessoa jurídica, com personalidade própria, não se confunde com outra, ainda que tenham sócios com participação em ambas. Constitui, pois, delírio fiscal a matroca de substituição tributária, atribuir-se a responsabilidade substitutiva (art. 135 – *caput* – CTN) para pessoa jurídica diversa daquela em cujo nome está inscrita a dívida. 2. Recurso improvido. (STJ, REsp 91.858/ES, Min. Milton Luiz Pereira, DJ 24.02.97)

Aliás, em face do princípio da autonomia dos estabelecimentos, já se entendeu, inclusive, que a certificação deveria ser feita conforme a situação de cada estabelecimento considerado em separado:

PESSOA JURÍDICA COM DIVERSOS ESTABELECIMENTOS. OBRIGAÇÕES TRIBUTÁRIAS. CERTIDÃO DE REGULARIDADE FISCAL. 1. Em linha de princípio, cada estabelecimento tem seu domicílio tributário, onde as obrigações tributárias são geradas, de modo que os respectivos encargos são exigidos conforme a situação específica e peculiar de cada filial. 2. No caso, o débito da matriz de São Paulo não pode ser óbice ao fornecimento da certidão de regularidade fiscal das filiais de outros Estados da Federação. 3. Agravo de instrumento improvido. (TRF4, 1ª T., AI 2003.04.01.051916-7/RS, Juiz Fed. Ricardo Teixeira do Valle Pereira, jun/04)

A rigor, matriz e filial são a mesma pessoa jurídica. O CNPJ, inclusive, é o mesmo, mudando apenas a terminação. Ocorre que, tendo domicílios distintos, o tratamento unitário pode inviabilizar as providências necessárias à obtenção das certidões, implicando complexidade invencível, reveladora de ônus demasiado ao contribuinte.

Certo é que cada pessoa, física ou jurídica, com inscrição própria no CPF ou no CNPJ, tem direito à certificação da sua particular situação fiscal quanto à pendência ou não de débitos em seu nome. A irregularidade fiscal de uma pessoa não pode fundamentar o indeferimento de certidão de regularidade a outra ou condicionar, de qualquer modo, o exercício de direitos por terceiro.

O débito que justifica o indeferimento é aquele que tem como sujeito passivo a própria pessoa cuja situação fiscal está sendo certificada, ainda que na qualidade de responsável, e que, tendo sido devidamente apurado, conste dos registros da repartição.

Assim como se fala na pessoalidade da pena, pode-se falar, também, pois, com segurança, na pessoalidade da situação fiscal de cada contribuinte, a orientar a certificação da existência ou não de débitos próprios.

Manual das Certidões Negativas de Débito

2. Espécies de certidão de situação fiscal

Ao tratarmos das espécies de certidão, temos de considerar duas premissas inafastáveis.

Em primeiro lugar, é preciso ter em conta que a certificação da situação fiscal do contribuinte é matéria que integra as normas gerais de Direito Tributário, sob reserva de lei complementar. Assim, as normas aplicáveis, sob o ponto de vista material, são as constantes dos arts. 205 a 208 do CTN, não podendo o legislador ordinário, tampouco a Administração tributária,[19] inovar no ponto, devendo restringir-se à regulamentação dos aspectos procedimentais das certificações, como formulários, órgão competente etc.

Em segundo lugar, é indispensável retomarmos a noção inicial de que certidão é uma reprodução textual do que consta em originais. Mediante certidão, são dadas ao conhecimento informações constantes de arquivos, livros ou sistemas de determinada repartição. Não se compade-

---

[19] As leis podem estabelecer casos de exigência de CND, mas não requisitos para sua expedição, distintos da disciplina já estabelecida pelo CTN. Já aos atos normativos infralegais não apenas é vedado estabelecer novas hipóteses de exigência de CND, o que foi exposto no item acerca da necessidade de previsão legal, como não podem estabelecer novos requisitos para a expedição de Certidão Negativa ou de Certidão Positiva com Efeitos de Negativa, válidos que são apenas os estabelecidos pelo CTN. Veja-se: "1. O fornecimento de Certidão Negativa de Débito não pode ficar condicionado ao cumprimento de exigências constantes de Ordem de Serviço do INSS" (STJ, 1ª T., REsp 412.955/SC, Min. Luiz Fux, ago/02)

Manual das Certidões Negativas de Débito

33

ce, pois, com especulações, com presunções. Exige o dado, o ato, devidamente anotado ou registrado.

Sob esta perspectiva, cumpre verificarmos não apenas o que é débito tributário, mas, isto sim, o que é débito passível de ser certificado.

Para analisarmos as possíveis situações do contribuinte quanto à existência ou não de débitos,[20] torna-se indispensável verificar, preliminarmente, o que em matéria tributária pode ser considerado débito passível de certificação.

Débito é dívida pecuniária. Mas não é possível certificar a existência de débito sem que tenha sido devidamente apurada a ocorrência do fato gerador e o montante devido.

A formalização do crédito é que permite certificá-lo, ou seja, dar conta de que efetivamente consta, dos assentos públicos, determinada dívida do contribuinte.

Não é à toa que o CTN, em seu artigo 142, dá à expressão "crédito tributário" sentido muito específico, pressupondo certeza e liquidez decorrentes da formalização do crédito tributário mediante a verificação de que o fato gerador ocorreu, a identificação do sujeito passivo e a apuração do montante devido.

Nesta acepção, pode-se dizer que, enquanto a obrigação tributária surge com o fato gerador (art. 113, § 1º), o crédito tributário só se considera constituído com a produção do ato que formaliza a sua existência e lhe enseja exigibilidade.

Aliás, a referência, no art. 142 do CTN, à constituição do crédito tributário pelo lançamento, embora imprópria, pois o crédito surge juntamente com a obrigação, quando

---

[20] Ao falarmos de situação fiscal, poderíamos pensar no registro da pessoa no Cadastro de Pessoas Físicas (CPF) ou no Cadastro Nacional da Pessoa Jurídica (CNPJ), se constaria ela como apta, suspensa, inapta ou se estaria o registro cancelado. Mas tal desborda do nosso objeto de estudo neste livro.

da ocorrência do fato gerador, bem revela a intenção do legislador de que não se possa opor o crédito tributário ao contribuinte, sem que esteja representado documentalmente, com a certeza e a liquidez daí decorrentes.

De tudo, tira-se, pois, que débito tributário, para fins de certificação, é aquele ao qual corresponda um crédito devidamente formalizado. Os modos de formalização são tratados no capítulo seguinte sobre as Certidões Negativas de Débito.

Considerando tal pressuposto, tem-se que os sistemas do Fisco podem acusar três situações distintas:

1ª SITUAÇÃO: inexistência de formalização de crédito, dando ensejo à expedição de Certidão Negativa de Débitos (CND);

2ª SITUAÇÃO: existência de crédito formalizado exigível e não garantido por penhora, dando ensejo à expedição de Certidão Positiva de Débitos (CPD);

3ª SITUAÇÃO: existência de crédito formalizado não vencido, com a exigibilidade suspensa ou garantido por penhora, dando ensejo à expedição de Certidão Positiva de Débitos com Efeitos de Negativa (CPD-EN).

Vejamos cada qual.

2.1. Certidão Negativa de Débitos

O Fisco não pode negar-se à expedição de Certidão Negativa de Débitos, a menos que haja crédito tributário devidamente formalizado passível de certificação positiva. Veja-se o precedente relatado pelo Min. Teori Albino Zavascki:

> Só se pode indeferir certidão negativa quando for possível certificar o contrário, ou seja, quando se pode certificar a existência do débito. E

Manual das Certidões Negativas de Débito

não se pode certificar (positivamente) senão o que consta oficial e formalmente nos assentamentos do Fisco.[21]

O indeferimento da certidão negativa pressupõe a expedição de Certidão Positiva ou, ao menos, o fornecimento de relatório ou planilha esclarecedoras de todas as causas que justificam a positivação da situação do contribuinte. Como esclarecem Vittorio Cassone e Ligia Scaff Vianna, "nada impede que os motivos que ensejaram a não-emissão da certidão negativa, ou da positiva com efeitos de negativa, sejam indicados em documento próprio", ressaltando que "A Secretaria da Receita Federal (...) fornece o documento chamado 'Informações de Apoio para Emissão de Certidão', indicando as pendências relativas a dados cadastrais e débitos ou processo administrativos que impedem a certificação de regularidade fiscal" e "A Procuradoria-Geral da Fazenda Nacional emite o 'Resultado de Consulta da Inscrição', extraído do sistema informatizado da dívida ativa da União, que pormenoriza todos os débitos inscritos em dívida ativa da União".[22]

A doutrina, aliás, é firme quanto à necessidade de motivação adequada. Vejamos a lição de Hugo de Brito Machado:

> Se a autoridade recusa o fornecimento de certidão negativa de débito, ao argumento de que existem "pendências", tem o dever de explicar quais são essas "pendências", e de fornecer certidão da qual constem essas explicações. Dizer simplesmente que existem "pendências" que impede o fornecimento da certidão negativa, sem dar explicações sobre quais são essas "pendências", é praticar arbítrio puro e indiscutível.[23]

Também Ives Gandra da Silva Martins e Marilene Talarico Martins Rodrigues são claros nesse ponto:

---

[21] STJ, 1ª T., REsp 721569/ES, Rel. Ministro TEORI ALBINO ZAVASCKI, set/05.

[22] CASSONE, Vitório; VIANNA, Ligia Scaff. In: MACHADO, Hugo de Brito (coord). *Certidões Negativas e Direitos Fundamentais do Contribuinte.* Fortaleza e São Paulo: Dialética e ICET, 2007, p. 630/631.

[23] MACHADO, Hugo de Brito (coord). Op. cit., p. 326.

Tem (...) o contribuinte o direito de receber certidão com as informações necessárias e os motivos pelos quais a certidão negativa não poderá ser expedida, com indicação dos débitos existentes e não pagos, no entendimento do fisco, par que possa o contribuinte defender seus direitos ou esclarecer situações de interesse pessoal, pois hoje é bastante comum o computador da receita Federal mencionar débitos que já foram pagos ou que estão com exigibilidade suspensa ou prescritos ou ainda débitos de mero ajuste de cálculos, com centavos a mais que o contribuinte deixou de recolher.[24]

Completamos as citações com a abordagem feita por João Dácio Rolim e Alessandro Mendes Cardoso:

Somente pode ser negada a expedição de certidão negativa se a autoridade fiscal identifique débito tributário em aberto, plenamente exigível (...) é imprescindível, contudo, para que seja válida a recusa de expedição de certidão negativa que o Fisco aponte quais os débitos que lhe impende, informando a que tributo e período se refere, bem como qual o seu montante atualizado, expedindo para tanto uma certidão positiva de débitos. (...) O direito de certidão não se exaure na simples resposta pelo órgão público sobre o requerimento apresentado pelo contribuinte, mas exige que esta resposta apresente as informações necessárias para que haja a compreensão da situação que está sendo atestada. Entretanto, não raro esse requisito básico para o respeito a este direito constitucional é descumprido.[25]

Descabe, pois, o indeferimento fundando em meras especulações quanto à possível existência de obrigações principais[26] descumpridas. Efetivamente, embora, na fenomenologia da relação obrigacional, o crédito surja simultaneamente à obrigação, apenas quando é documentada a sua existência e liquidez é que pode o Fisco opor o crédito ao contribuinte, considerando-o devedor.

---

[24] MARTINS, Ives Gandra da Silva; RODRIGES, Marilene Talarico Martins. In: MACHADO, Hugo de Brito (coord). Op. cit., p. 401.

[25] Id., ibid., p. 442/443.

[26] Obrigação principal é a de pagar tributo ou multa, ou seja, a obrigação cujo descumprimento origina um débito. As obrigações acessórias dizem respeito aos deveres formais de fazer, não-fazer ou tolerar estabelecidos em favor da Administração Tributária. Vide art. 113 do CTN.

Manual das Certidões Negativas de Débito

É esclarecedor o precedente conduzido pela Min. Eliana Calmon:

> 3. Havendo dúvida quanto à formalização do crédito previdenciário, que sequer teve o seu quantum declarado pela Fazenda previdenciária, é devida a certidão negativa de débito requerida pelo contribuinte. Precedentes da 1ª e 2ª Turmas do STJ.[27]

Não é suficiente, para o indeferimento de certidão negativa, *e.g.*, que deixem de constar do sistema de controle da arrecadação ingressos a título de determinado tributo normalmente devido pela empresa a cada mês e, muito menos, que o contribuinte não tenha cumprido alguma obrigação acessória de declarar tributos. É preciso que o Fisco possa apontar a existência de débito, o que depende de prévia formalização do crédito tributário.

As chamadas falhas de recolhimento ou de declaração (situação que se caracteriza quando constam do sistema recolhimentos e declarações relativos a alguns meses, mas não a outros) não podem, por si só, pois, implicar indeferimento de CND, conforme o precedente que segue:

> 3. O registro de existência de falhas no recolhimento de contribuições previdenciárias não constitui o crédito tributário, de sorte que não pode obstar àquela certidão. De mesmo modo, o simples descumprimento da obrigação acessória de apresentação da GFIP não impede a certificação de regularidade, enquanto não lançada a penalidade pecuniária decorrente de aludido descumprimento. (TRF4, 1ª T., AMS 2001.71.07.004587-0/RS, Des. Fed. Wellington M. de Almeida, mai/02)

Embora o art. 32, IV e § 10, da Lei 8.212/91 estabeleça a falta de apresentação de informações como óbice à obtenção de CND,[28] tal não está em conformidade com a noção

---

[27] STJ, 2ª T., EDcl no REsp 924.049/MG, Rel. Ministra ELIANA CALMON, nov/08)

[28] Lei 8.212/91, com a redação dada pela Lei 9.528/97: "Art. 32. A empresa é também obrigada a: IV – declarar à Secretaria da Receita Federal do Brasil e ao Conselho Curador do Fundo de Garantia do Tempo de Serviço – FGTS, na forma, prazo e condições estabelecidos por esses órgãos, dados relacionados a fatos geradores, base de cálculo e valores devidos da contribuição previdenciária e outras informações de interesse do INSS ou do Conselho Curador do FGTS; (re-

de certidão e com a disciplina constante do CTN. Falta de declaração não equivale à existência de crédito devidamente formalizado e, portanto, de débito passível de certificação. Conforme ensinam Anderson Furlan e José Antônio Savaris, "Se determinada pessoa física ou jurídica (...) não entregar as declarações que lhe são exigidas (...), ainda assim fará jus à CND requerida, a menos que a Fazenda Pública formalize o crédito tributário correspondente." E isso porque, "nos termos do art. 205, esta forma de prova diz respeito à quitação de tributos e não à regularidade fiscal entendida em sentido amplo".[29]

Vejamos o precedente relatado pelo Min. Luiz Fux:

CONTRIBUIÇÃO PREVIDENCIÁRIA. TRIBUTO SUJEITO A LANÇA-MENTO POR HOMOLOGAÇÃO. ENTREGA DA GFIP (LEI 8.212/91). ALEGAÇÃO DE DESCUMPRIMENTO DE OBRIGAÇÃO ACESSÓRIA. AUTO DE INFRAÇÃO CONTENDO O LANÇAMENTO DE OFÍCIO SUPLETIVO ACRESCIDO DA MULTA. INEXISTÊNCIA. RECUSA NO FORNECIMENTO DE CND. IMPOSSIBILIDADE (...) 1. A mera alegação de descumprimento de obrigação acessória, consistente na entrega de Guia de Recolhimento do FGTS e Informações à Previdência Social (GFIP), não legitima, por si só, a recusa do fornecimento de certidão de regularidade fiscal (Certidão Negativa de Débitos – CND), uma vez necessário que o fato jurídico tributário seja vertido em linguagem jurídica competente (vale dizer, auto de infração jurisdicizando o inadimplemento do dever instrumental, constituindo o contribuinte em mora com o Fisco), apta a produzir efeitos obstativos do deferimento de prova de inexistência de débito tributário. 2. A Lei 8.212/91, com a redação dada pela Lei 9.528/97, determina que o descumprimento da obrigação

---

dação da MP 449/2008) (...) § 10. O descumprimento do disposto no inciso IV impede a expedição da certidão de prova de regularidade fiscal perante a Fazenda Nacional. (redação da MP 449/2008)" Veja-se a redação anterior, idêntica no essencial: Lei 8.212/91, com a redação dada pela Lei 9.528/97: "Art. 32. A empresa é também obrigada a: (...) IV – informar mensalmente ao Instituto Nacional do Seguro Social-INSS, por intermédio de documento a ser definido em regulamento, dados relacionados aos fatos geradores de contribuição previdenciária e outras informações de interesse do INSS. (...) § 10. O descumprimento do disposto no inciso IV é condição impeditiva para expedição da prova de inexistência de débito para com o Instituto Nacional do Seguro Social-INSS."

[29] FURLAN, Anderson; SAVARIS, José Antonio. In: MACHADO, Hugo de Brito (coord). Op. cit., p. 60.

acessória de informar, mensalmente, ao INSS, dados relacionados aos fatos geradores da contribuição previdenciária, é condição impeditiva para expedição da prova de inexistência de débito (artigo 32, IV e § 10). 3. Nada obstante, em se tratando de tributo sujeito a lançamento por homologação, o descumprimento da aludida obrigação acessória demanda a realização de lançamento de ofício supletivo (artigo 173, I, do CTN) pela autoridade administrativa competente, a fim de constituir o crédito tributário (acrescido da multa por inadimplemento de dever instrumental), que, uma vez vencido, pode vir a impedir a expedição de certidão de regularidade fiscal, em não havendo causa suspensiva de sua exigibilidade. 4. Deveras, inexistente o lançamento, não há que se falar em crédito tributário constituído e vencido, o que torna ilegítima a recusa da autoridade fiscal em expedir a CND, máxime quando sequer há auto de infração constituindo o contribuinte em mora por descumprimento da obrigação acessória. 5. *In casu*, restou assente na instância ordinária que: (i) no que pertine a crédito tributário já constituído, há causa suspensiva de exigibilidade (parcelamento); e (ii) a alegação de não entrega da GFIP não respalda a recusa de fornecimento de CND, uma vez que o crédito tributário pertinente não foi devidamente constituído pelo lançamento." (STJ, 1ª T., REsp 944.744/SC, Rel. Ministro LUIZ FUX, jun/08)

Se a negativa de CND depende da existência de crédito devidamente formalizado, cumpre-nos, efetivamente, perquirir quais os modos pelos quais pode ser formalizado o crédito tributário, ou seja, pelos quais pode ocorrer a representação documental de que o crédito existe em determinado montante perante um certo contribuinte ciente da sua obrigação. Tal não se restringe, em absoluto, à atividade de lançamento por parte da autoridade.

Cabe, preliminarmente, deixar claro que é irrelevante tratar-se ou não de tributo sujeito a lançamento por homologação. Efetivamente, não importa a modalidade de lançamento a que esteja sujeito o tributo, se por declaração, por homologação ou de ofício. A única questão importante é saber quais os atos capazes de formalizar a existência do crédito.

A formalização (documentação) é feita pelo próprio contribuinte, cumprindo suas obrigações acessórias de apurar e declarar os tributos devidos (e.g., declaração de rendimentos, DCTF, GFIP), ou pelo Fisco através da lavratura de auto de lançamento, auto de infração ou notificação fiscal de lançamento de débito (o nome é irrelevante, importa é que se cuida de ato da autoridade através do qual verifica a ocorrência do fato gerador e da infração, calcula o tributo e a penalidade e notifica o contribuinte para pagar). Também por ato Judicial, nas ações trabalhistas, é formalizado o crédito relativo a contribuições previdenciárias.

A Certidão Negativa deve ser expedida quando efetivamente não conste dos registros do Fisco nenhum crédito tributário formalizado contra o contribuinte. Nestes casos, aliás, se o contribuinte tiver de ir a Juízo por força de alguma resistência injustificada da autoridade, a Advocacia da União sequer recorrerá da decisão concessiva, dada a singeleza de que se reveste a matéria e a evidência do direito, nos termos da Súmula nº 18 da AGU: "Da decisão judicial que determinar a concessão de Certidão Negativa de Débito (CND), em face da inexistência de crédito tributário constituído, não se interporá recurso".

De outro lado, havendo declaração do contribuinte (DCTF, Declaração de Rendimentos, GFIP etc.) reconhecendo o débito, não terá o contribuinte direito à Certidão Negativa Débitos. De fato, a existência de DCTF, GFIP ou qualquer outra declaração em que o contribuinte aponte montante devido justifica o indeferimento da Certidão Negativa de Débitos, pois haverá, já, débito constante dos assentos do Fisco passível de ser certificado. Vejam-se os precedentes:

DÉBITO DECLARADO. DCTF. CERTIDÃO NEGATIVA DE DÉBITOS (...) 2. Em se tratando de tributo lançado por homologação, ocorrendo a declaração do contribuinte e na falta de pagamento da exação no vencimento, fica elidida a necessidade da constituição formal do débito pelo Fisco quanto aos valores declarados. 3. A declaração do contribuinte 'constitui' o crédito tributário relativo ao montante informado e torna dispensável o lançamento. 4. Não se admite o fornecimento de certidão negativa de débito quando existir tributo declarado e não pago, independentemente da prática de qualquer ato pelo Fisco, pois a cobrança pode ser realizada apenas com base na declaração do contribuinte. (STJ, 2ª T., REsp 1050947/MG, Rel. Ministro CASTRO MEIRA, mai/08)

CERTIDÃO DE DÉBITOS – CND. CRÉDITOS DECLARADOS PELO CONTRIBUINTE (DL nº 2.124, DE 13.06.84) E NÃO PAGOS NO VENCIMENTO. LEGITIMIDADE DO ATO QUE INDEFERIU A CERTIDÃO NEGATIVA (...) 2. Em relação aos tributos sujeitos a lançamento por homologação, é ilegítimo o indeferimento de certidão negativa quando, não tendo havido autolançamento pelo contribuinte, o Fisco também não efetua o lançamento de ofício. 3. Todavia, é outra a situação quando o próprio contribuinte, atendendo ao que determina a lei (Decreto-lei nº 2.124, de 13.06.84) declara a existência do débito, identificando-o e quantificando-o minudentemente perante o Fisco. Nesses casos, de típicas e genuínas hipóteses de autolançamento, o contribuinte, no dizer da lei, comunica 'a existência de crédito tributário', comunicação essa que 'constituirá confissão de dívida e instrumento suficiente para a exigência do referido crédito' (art. 5º, § 1º), e, em caso de não pagamento no prazo, 'poderá ser imediatamente inscrito em dívida ativa, para efeito de cobrança executiva' (§ 2º). Feita a declaração (conhecida como DCTF – Declaração de Contribuições e Tributos Federais, cujas normas para preenchimento e apresentação estão detalhadas nas Instruções Normativas nºs 129, de 19.11.86, e 073, de 19.09.94, ambas da Secretaria da Receita Federal) haverá um débito formalizado e, portanto, certificável. Não pago no vencimento, torna-se imediatamente exigível, independentemente de qualquer procedimento administrativo ou de notificação ao contribuinte, conforme iterativa jurisprudência do STF e do STJ. Assim, existindo débito fiscal exigível, é indevida a expedição de certidão 'negativa' de sua existência. (TRF4, 2ª T., AI 96.04.40278-1/SC, Juiz Teori Albino Zavascki, nov/96)

O mesmo acontece, ainda, nas divergências entre a declaração do contribuinte e a respectiva guia de pagamento, quando o montante pago é inferior ao declarado. Valores declarados como devidos e não pagos, ou pagos apenas parcialmente, ensejam a certificação da existência do débito quanto ao saldo. A situação é equivalente aquela em que, notificado o contribuinte do lançamento realizado pelo Fisco, pague valor inferior ao devido, persistindo, pois, devedor do saldo.

Em matéria de contribuições previdenciárias, a situação de pagamentos inferiores aos valores declarados como devidos é chamada de "divergência de GFIP/GPS": o montante pago através de GPS (guia de pagamento) não corresponde ao montante declarado na GFIP (guia de informações). Efetivamente, remanescendo saldo devedor em aberto, resta impedida a extração de Certidão Negativa de Débitos. Há precedente específico quanto a tal situação:

> MANDADO DE SEGURANÇA. CND. GFIP. DIFERENÇAS ENTRE O VALOR DECLARADO E O RECOLHIDO. CONFISSÃO. DÉBITO INCONTROVERSO. 1. A declaração é ato unilateral pelo qual o contribuinte antecipa o pagamento do que entende devido, restando suspensa a extinção do crédito tributário até o advento da homologação, calculando o montante de acordo com a legislação que disciplina a matéria, restando-lhe, na hipótese de equívoco, valer-se da declaração retificadora. 2. O lançamento existe para dar conhecimento ao contribuinte do *quantum debeatur*. Nos tributos sujeitos à homologação, o crédito constitui-se com a entrega da declaração. Se o contribuinte paga quantia menor do que a reconhecida e declarada, não há necessidade de o Fisco efetuar lançamento quanto à diferença apurada. 3. Nesses casos, não há emitir-se CND ou CPD-EN, visto tratar-se a diferença entre o valor declarado e o efetivamente recolhido débito incontroverso. 4. Apelação e remessa oficial, considerada interposta, providas. (TRF, 1ª T., AMS 2002.71.07.008881-1/RS, Des. Fed. Wellington M. de Almeida, set/03)

Menos comum é a situação de ter sido pago valor correspondente ao declarado, mas com atraso, quando já devidos, por força de lei, acréscimos a título de multa moratória e de juros moratórios. Entendemos que tais acréscimos simplesmente moratórios, que independem da apuração de qualquer outra causa para incidirem, podem ser exigidos pelo Fisco com amparo na própria declaração do montante principal que era devido na data do vencimento, atualizada. Cabe-lhe, legitimamente, cotejar o pagamento com o montante atualizado da declaração do contribuinte. Havendo saldo devedor, poderá ser certificado. A situação aqui assemelha-se a de uma Execução Fiscal em que, instado o executado a pagar o montante atualizado aponta-

Manual das Certidões Negativas de Débito **43**

do na inicial, venha depositar apenas o montante nominal constante da Certidão de Dívida Ativa ao argumento de que não haveria título para a cobrança dos acréscimos, fundamento este insustentável.

De qualquer modo, há precedente em sentido diverso, sob o entendimento de que o valor dos juros e da multa não terão sido reconhecidos como devidos pelo contribuinte, exigindo, por força disso, lançamento, antes do qual não poderia ser levantado óbice à expedição de Certidão Negativa de Débitos:

> TRIBUTO DECLARADO EM DCTF E PAGO COM ATRASO – COBRANÇA DE MULTA E JUROS MORATÓRIOS – NECESSIDADE DE LANÇAMENTO – DÉBITO NÃO-CONSTITUÍDO – DIREITO À CND (...) 2. Declarado o tributo em DCTF e pago com atraso, necessário a constituição formal do crédito pelo Fisco a fim de cobrar multa e juros moratórios devidos em razão da mora. 3. Não constituído devidamente o crédito, legítimo o direito a certidão negativa de débito. (STJ, 2ª T., REsp 840.566/PR, Rel. Ministra ELIANA CALMON, mai/08)

Por sua vez, a existência de lançamento de tributo ou penalidade por parte da autoridade (Auto de Lançamento, Auto de Infração, Notificação Fiscal de Lançamento de Débito etc.), aperfeiçoado pela notificação ao contribuinte acerca do montante devido, impede o contribuinte de obter Certidão Negativa. Note-se que a notificação é indispensável ao aperfeiçoamento do lançamento, conforme destacamos com maior detalhamento no item adiante sobre a *Invocação de lançamento como óbice ao deferimento de Certidão Negativa*. Enquanto não for notificado o contribuinte, não se considera eficaz o lançamento.[30]

---

[30] Daí por que, inclusive, a simples Informação Fiscal de Débito, emitida para registrar a existência de débito de diminuto valor sem notificação, não impede a expedição de CND: IN MPS/SRP 3/05: Art. 612. A Informação Fiscal de Débito – IFD é o documento emitido pelo AFPS destinado a registrar a existência de débito de responsabilidade do sujeito passivo, cujo valor consolidado (principal e acréscimos legais) não atinja o limite mínimo estabelecido pela SRP para lançamento em NFLD, a saber: I – R$ 3.000,00 (três mil reais), quando se tratar de empresa ou equiparado; II – R$ 1.000,00 (um mil reais), quando se tratar dos

Por fim, apurado, no Juízo Trabalhista, o montante devido a título de contribuições previdenciárias decorrente de sentença trabalhista, também restará inviável a obtenção de Certidão Negativa, como já decidiu o STJ:

> (...) CONTRIBUIÇÃO PREVIDENCIÁRIA. CRÉDITO DECORRENTE DE SENTENÇA TRABALHISTA. CRÉDITO INCONTROVERSO. NEGATIVA DE EXPEDIÇÃO DE CND (...) 3. Impõe-se a negativa de expedição de CND quanto aos débitos previdenciários reconhecidos em sentença trabalhista dado que não há necessidade de o INSS proceder a novo lançamento para efetuar a constituição do crédito. 4. Recurso especial não-provido. (STJ, 1ª T., REsp 852.968/DF, Rel. Ministro JOSÉ DELGADO, out/06)

Havendo crédito tributário devidamente formalizado, somente Certidão Positiva poderá ser expedida, restando, apenas, verificar se o contribuinte tem ou não direito à Certidão Positiva com Efeitos de Negativa, de que trata o art. 206 do CTN, cujos efeitos são equivalentes ao da Certidão Negativa, pois ambas dão conta da regularidade fiscal do contribuinte..

2.2. Certidão positiva de débitos

Constando crédito formalizado relativamente ao contribuinte, seja mediante lançamento, declaração do próprio contribuinte em cumprimento de obrigações acessórias, confissão para fins de parcelamento ou liquidação das contribuições previdenciárias devidas por força de sentença trabalhista, somente Certidão Positiva poderá ser expedida. Tal, aliás, restou claro do capítulo anterior, em que abordamos todos esses modos de formalização do crédito tributário.

demais sujeitos passivos. § 1º A existência da IFD não impede a emissão de Certidão Negativa de Débito."

Manual das Certidões Negativas de Débito

Mas há de se diferenciar a Certidão Positiva de Débitos pura e simples, da Certidão Positiva de Débitos com Efeitos de Negativa.

A Certidão Positiva de Débitos pura e simples indica situação irregular do contribuinte quanto ao pagamento de tributos, pois revela créditos tributários formalizados que permanecem em aberto, impedindo-o da prática dos atos para os quais a Certidão Negativa seja exigida.

A Certidão Positiva de Débitos com Efeitos de Negativa, por sua vez, aponta situação em que, embora existindo débito, a situação do contribuinte está regular, seja porque ainda não vencido, seja porque suspenso ou garantido o crédito, conforme as hipóteses previstas no art. 206 do CTN que, por isso, lhe atribui "efeitos de negativa", permitindo que sirva à prática dos atos para os quais seja requerida certidão negativa, conforme abordamos no capítulo seguinte.

Havendo crédito formalizado, pois, e, com isso, afastada a possibilidade de expedição de Certidão Negativa, a questão será, então, a de saber se o contribuinte tem ou não direito à Certidão Positiva com Efeitos de Negativa.

2.3. Certidão positiva de débitos com efeitos de negativa

O art. 206 do CTN estabelece que "tem os mesmos efeitos previstos no artigo anterior a certidão de que conste a existência de créditos não vencidos, em curso de cobrança executiva em que tenha sido efetivada a penhora, ou cuja exigibilidade esteja suspensa."

A primeira das hipóteses é a de não estar vencido o crédito. Isso porque, embora devedor, o contribuinte está em situação absolutamente regular, valendo-se do prazo de que ainda dispõe para efetuar o pagamento. O crédito tributário, neste caso, ainda não pode ser compulsoriamente exigido pelo Fisco.

Quanto às hipóteses de suspensão da exigibilidade do crédito tributário, disciplinadas pelo art. 151 do CTN, vejamos uma a uma.

A moratória (art. 151, I) é a dilação do prazo de vencimento do tributo. O parcelamento (art. 151, V) é espécie de moratória através da qual se permite o pagamento do débito tributário ao longo do tempo, de modo que, a cada mês, só seja exigível uma parcela, e não o todo.

Há quem distinga moratória, de um lado, de parcelamento, de outro, entendendo que aquela se dá antes do vencimento, enquanto este pressupõe dívida vencida, abrangendo multa e juros. O entendimento predominante, contudo, sempre foi no sentido de que a moratória é prorrogação do prazo para pagamento, com ou sem parcelamento, tanto que, antes do acréscimo do inciso V ao art. 151 do CTN, pela LC nº 104/01, o parcelamento já era considerado como suspensivo da exigibilidade do crédito, sendo enquadrado no inciso I, sob a rubrica de moratória.

O parcelamento constitui causa suspensiva da exigibilidade do crédito tributário (art. 151, V, do CTN) disciplinada, especialmente, pelo art. 155-A do CTN, aplicando-se, subsidiariamente, as disposições comuns relativas à moratória, conforme expressamente determina o § 2º do mesmo artigo.

O art. 155-A dispõe no sentido de que o "parcelamento será concedido na forma e condição estabelecidas em lei específica", o que nos leva à conclusão de que, de um lado, o contribuinte não tem direito a pleitear parcelamento em forma e com características diversas daquelas previstas em lei e, de outro, que o Fisco não pode exigir senão o cumprimento das condições nela previstas, de modo que não podem ser estabelecidos requisitos adicionais por atos nor-

Manual das Certidões Negativas de Débito

mativos. Ademais, é descabida a delegação à autoridade fiscal para que decida discricionariamente sobre a concessão do benefício.

Ao referir-se à "lei específica", o art. 155-A reforça que não tem cabimento a pretensão de conjugação dos dispositivos de diversas leis para a obtenção de parcelamento mais benéfico ou mediante requisitos menos rígidos. Tal combinação de regimes alteraria os benefícios concedidos, implicando a criação de uma nova espécie de parcelamento não autorizada pelo legislador.

Certo é que, prevista em lei a moratória ou concedido o parcelamento, restará suspensa a exigibilidade do crédito tributário, ensejando a obtenção de Certidão Positiva de Débitos com Efeitos de Negativa.

Tendo em conta que o parcelamento, por si só, suspende a exigibilidade do crédito tributário, nos termos do art. 151, V, do CTN, a exigência adicional de que o contribuinte preste garantia como condição para a expedição de certidão de regularidade fiscal é ilegal e abusiva. O art. 47, § 8º, da Lei 8.212/91,[31] acrescentado pela Lei 9.032/95 e posteriormente revogado pela MP 449/2008, chocava-se, pois, frontalmente com o CTN ao exigir requisito neste não previsto, não podendo prevalecer. A garantia poderia ser exigida por lei como requisito para a concessão de parcelamento; jamais para a expedição de certidão, quando já implementada a causa suspensiva da exigibilidade, conforme os julgados que seguem:

> CERTIDÃO POSITIVA COM EFEITOS DE NEGATIVA. DESDE QUE CUMPRIDO O PARCELAMENTO. CABIMENTO (...) 2. Jurisprudência de ambas as Turmas que compõem a Primeira Seção desta Corte no sentido de que é exigência para o fornecimento de certidão positiva de débitos com efeitos de negativa o regular parcelamento do débito das obrigações assumidas pelo contribuinte. 3. Nesse sentido: – Estando

---

[31] Seu texto dispunha: "§ 8º No caso de parcelamento, a Certidão Negativa de Débito-CND somente será emitida mediante a apresentação de garantia, ressalvada a hipótese prevista na alínea "a" do inciso I deste artigo."

regular o parcelamento da dívida, com o cumprimento, no prazo, das obrigações assumidas pelo contribuinte, não lhe pode ser negado o fornecimento da CND. A dívida fiscal parcelada não é exigível fora dos termos negociados, sendo descabida a exigência de garantia posterior. (AgRg no Ag. 310.429/MG, Rel. Min. Paulo Gallotti, DJ de 24/09/2001).
– O contribuinte tem direito à certidão de que trata o artigo 206, do Código Tributário Nacional, mesmo na hipótese de parcelamento do respectivo débito, desde que as parcelas venha sendo pagas regularmente. (AgRg no Ag. 248.960/PR, Desta Relatoria, DJ de 29/11/2006).
– O parcelamento, que é espécie de moratória, suspende a exigibilidade do crédito tributário (CTN, art. 151, I e VI). Tendo ele sido deferido independentemente de outorga de garantia, e estando o devedor cumprindo regularmente as prestações assumidas, não pode o fisco negar o fornecimento da certidão positiva com efeitos de negativa (REsp 369.607/SC, 2ª Turma, Min. João Otávio de Noronha, DJ de 23.05.06; AgRg no REsp 444.566/TO, 1ª Turma, Min. Denise Arruda, DJ de 17.12.2004). (REsp 833.350/SP, Rel. Min. Teori Albino Zavascki, DJ de 07/08/2006).
– Uma vez deferido o pedido de parcelamento da dívida tributária e cumpridas as obrigações assumidas para com o INSS, não pode este negar-se a expedir certidão positiva de débito com efeito de negativa, alegando, para tanto, inexistir garantia, cuja prestação não fora exigida do sujeito passivo por ocasião do referido pleito. (REsp 498.143/CE, Rel. Min. João Otávio de Noronha, DJ de 02/08/2006) 4. Recurso especial provido. (STJ, 1ª T., REsp 1012866/CE, Rel. Ministro JOSÉ DELGADO, mar/08)

TRIBUTÁRIO. CERTIDÃO NEGATIVA DE DÉBITO. PARCELAMENTO. INEXIGIBILIDADE DE GARANTIA. 1. "Uma vez deferido o pedido de parcelamento da dívida tributária e cumpridas as obrigações assumidas para com o INSS, não pode este negar-se a expedir certidão positiva de débito com efeito de negativa, alegando, para tanto, inexistir garantia, cuja prestação não fora exigida do sujeito passivo por ocasião do referido pleito" (REsp 498.143/CE, Rel. Ministro João Otávio de Noronha, DJ 02.08.06). 2. Agravo regimental não provido. (STJ, 2ª T., gRg no REsp 1038652/RJ, Rel. Ministro CASTRO MEIRA, ago/08)

Cabe-nos comentar, também, o art. 745-A do CPC, introduzido pela Lei nº 11.382/06, que permitiu ao executado depositar 30% do valor em execução e pagar o restante em até 6 (seis) parcelas mensais. Restando autorizado o pagamento desse modo, temos mais uma hipótese de parcela-

Manual das Certidões Negativas de Débito

mento prevista na lei, capaz de ensejar a incidência do art. 151, VI, do CTN e, portanto, a suspensão da exigibilidade do crédito tributário relativamente às parcelas não vencidas.[32] Tem lugar, pois, também neste caso, a aplicação do art. 206 do CTN, gerando o direito à certidão positiva com efeitos de negativa.

Também suspendem a exigibilidade do crédito tributário *as impugnações e os recursos administrativos*. Aliás, já dispunha a Súmula 29 do extinto TFR: "Os certificados de quitação e de regularidade não podem ser negados, enquanto pendente de decisão, na via administrativa, o débito levantado".

Note-se que tanto a exigência de tributo em face de lançamento constitutivo de crédito tributário, como a decorrente da não-homologação de compensação que deixe em aberto o crédito declarado que se pretendia tivesse sido extinto, ensejam o oferecimento de defesa por parte do contribuinte. Lembre-se que o § 11 do art. 74 da Lei 9.430/96, acrescido pela Lei 10.833/03, é claro no sentido de que a *não-homologação de compensação* de tributos federais então administrados pela Secretaria da Receita Federal enseja *manifestação de inconformidade* pelo contribuinte com o efeito suspensivo do art. 151, III, do CTN. No regime do art. 66 da Lei 8.383/91, aplicável às contribuições previdenciárias e a terceiros, reconhece-se o efeito suspensivo das impugnações às não-homologações, mas por aplicação direta do art. 151, III, do CTN, pois a lei ordinária não disciplina o modo pelo qual poderá o contribuinte defender-se, tampouco seus efeitos.

---

[32] A alteração do Código de Processo Civil aplica-se à execução fiscal, mesmo de crédito tributário. Não há incompatibilidade com a exigência de lei específica para o parcelamento tributário, de que trata o art. 155-A do CTN. O que o art. 745-A do CPC regula é o modo de cumprimento da determinação de pagamento constante do mandado de citação. Cuida-se de modalidade de encaminhamento processual da solução no bojo do processo de execução e, não sendo administrativo, não depende de lei específica.

A exceção, após a vigência da Lei 11.051/04, fica por conta das *compensações consideradas como não-declaradas* (§ 12), por serem, de antemão, expressamente vedadas (§§ 3º e 12) e, por isso, não admitirem qualquer impugnação com efeito suspensivo, e das *consultas*, pois estas não podem ser enquadradas dentre "as reclamações e os recursos" por não terem natureza ofensiva. O Dec. 70.235/72, aliás, é expresso: "Art. 49. A consulta não suspende o prazo para recolhimento de tributo, retido na fonte ou auto-lançado antes ou depois de sua apresentação, nem o prazo para apresentação de declaração de rendimentos."

Assim, no âmbito do processo administrativo fiscal, a pendência de decisão administrativa sobre defesa do contribuinte contra exigência de tributo por parte da Administração, seja em face de lançamento ou de não-homologação de compensação, enseja ao contribuinte a obtenção de Certidão Positiva de Débitos com Efeitos de Negativa.

Caso o contribuinte opte por *ingressar em Juízo* antes da decisão definitiva no processo administrativa, deve atentar para as conseqüências disso. É que o ajuizamento de ação judicial discutindo a matéria objeto do processo administrativo "importa em *renúncia ao poder de recorrer na esfera administrativa e desistência do recurso acaso interposto"*, nos termos do art. 38, parágrafo único, da Lei 6.830/80.

O efeito automático da judicialização do conflito, pois, é a perda do efeito suspensivo das impugnações ou recursos eventualmente pendentes de decisão na esfera administrativa.

De outro lado, o fato de estar o *crédito tributário* **sub judice** não tem, por si só, qualquer efeito suspensivo da sua exigibilidade. Apenas se concedida *medida liminar ou antecipatória* impedindo a exigibilidade do crédito é que se terá tal efeito suspensivo, nos termos do art. 151, IV, do CTN, atraindo a incidência do art. 206 do CTN e gerando, para o contribuinte, o direito à Certidão Positiva com Efeitos de Negativa.

Note-se que o mandado de segurança é de larga utilização em matéria tributária, apresentando, via de regra, caráter preventivo, pois resguarda o contribuinte contra os efeitos de iminente ato ilegal ou abusivo da autoridade. Até mesmo para o reconhecimento do direito à compensação, a viabilidade da utilização do mandado de segurança é consagrada, conforme a Súmula 213 do STJ. Não se presta, contudo, a pleitos que demandam dilação probatória, hipótese em que o contribuinte terá de optar pelo rito comum.

De qualquer modo, em qualquer ação, pode ser antecipada a tutela para fins de obstar a exigibilidade de crédito tributário quando o Juiz reconheça a presença dos requisitos do art. 273 do CPC.

Assim, tanto pelo *writ* constitucional (o mandado de segurança),[33] quanto pelas vias ordinárias, é possível a obtenção de medida suspensiva da exigibilidade de tributo que se mostre indevido.

Quanto ao mandado de segurança, o art. 1º, alínea *b*, da Lei 4.348/64 dispõe no sentido de que a liminar somente teria eficácia pelo prazo de noventa dias, prorrogável por mais trinta quando houvesse acúmulo de processos que o justificasse. Há de se considerar, porém, que não se pode atribuir à parte o fato de não ser prolatada sentença em tal prazo, não podendo ela ser penalizada. Do contrário, ocorreria afronta à garantia constitucional de acesso útil à jurisdição, insculpida no art. 5º, inciso XXXV, da Constituição. A liminar, pois, persiste até que prolatada a sentença, independentemente do tempo decorrido.

O Juiz deve apreciar se estão presentes os *requisitos para a concessão da liminar* (art. 7º, inc. II, da Lei 1.533/51 no caso do mandado de segurança; art 798 do CPC em se tra-

---

[33] A doutrina, por vezes, também denomina o mandado de segurança de "remédio constitucional" ou mesmo de "via heróica".

tando de cautelar; art. 273 do CPC em se tratando de antecipação de tutela em ação ordinária) e concedê-la ou não.

Não é adequado que o juiz imponha, como *condição à concessão de liminar*, a realização de depósito ou o oferecimento de caução. Isso porque a liminar e o depósito são causas distintas de suspensão da exigibilidade do crédito tributário. Uma vez realizado depósito, desnecessária é a concessão de liminar. Por outro lado, indeferida a liminar, restará ao contribuinte, ainda, a possibilidade de efetuar o depósito do montante do tributo para obter a suspensão da exigibilidade do crédito (art. 151, II, do CTN). Quanto à caução, exigi-la como contra-cautela para fins de concessão de liminar, seria, na prática, emprestar-lhe efeito suspensivo da exigibilidade que o CTN não lhe atribuiu. Mas, se, de um lado, não há, no CTN, previsão de caução como causa suspensiva da exigibilidade do crédito tributário, de outro, veremos adiante que é possível oferecer bens em ação cautelar antecipatória de penhora para o enquadramento na última das hipóteses previstas no art. 206 do CTN.

Aproveitando o ensejo da análise da suspensão da exigibilidade de crédito por decisão judicial, cabe destacar que também a declaração de inconstitucionalidade com efeito *erga omnes* e súmula vinculante para a Administração faz com que os créditos tributários formalizados quanto ao tributo inconstitucional devam ser cancelados de ofício pelas autoridades fiscais e desconsiderados para fins de certificação da situação fiscal do contribuinte.

Ainda cuidando da suspensão da exigibilidade por decisão judicial, importa destacar que é descabida a exigência de comprovação de tal situação cada vez que o contribuinte solicite a expedição de nova certidão. Trata-se de medida abusiva por parte do Fisco que deve zelar pela organização dos seus registros e não sobrecarregar o contribuinte com ônus demasiados e desnecessários, porque repetitivos. Mormente considerando que o Fisco estabelece prazo exíguo de validade das certidões, tem de facilitar a sua obtenção pelos contribuintes. Veja-se a lição de João Dácio Rolim e Alessandro Mendes Cardoso:

> (...) as exigências e formalidades impostas aos contribuintes para a obtenção de certidão de regularidade fiscal sempre devem ser proporcionais e razoáveis, uma vez que deve haver adequação entre o seu ônus e o limite que impõe ao exercício do direito de certidão do contribuinte, tendo em vista a importância e status constitucional do mesmo. (...) Ora, podemos até considerar razoável que o contribuinte, ao requerer a primeira certidão após a obtenção de decisão suspensiva da exigibilidade do crédito tributário, apresente à autoridade fiscal os documentos que comprovam a existência e teor desta medida judicial (apesar de o Fisco ser parte do processo e já ter sido provavelmente intimado do seu teor), por reconhecer que a comunicação entre esta e a sua Procuradoria muitas vezes não é a ideal. Contudo, nos pedidos de renovação efetuados após a apresentação dos documentos, é totalmente irrazoável que lhe seja exigida a renovação de todo este procedimento.[34]

Vejamos agora o *depósito como causa suspensiva* da exigibilidade do crédito tributário, prevista no art. 151, II, do CTN.

Em face da garantia de que nenhuma lesão ou ameaça de lesão será excluída da apreciação do Judiciário, não pode o legislador condicionar o exercício do direito de ação ao depósito do tributo discutido. Este entendimento é pacífico e foi construído a partir da censura feita ao art. 38 da LEF.[35] O depósito constitui, sim, imperativo do interesse do próprio contribuinte quanto à suspensão da exigibilidade do crédito tributário. Através do depósito, obtém, automaticamente, proteção contra o indeferimento de certidão de regularidade fiscal, inscrição no CADIN e ajuizamento de Execução Fiscal, não dependendo, para tanto, da concessão de liminar.

Tendo o contribuinte a disponibilidade do montante a ser recolhido, constitui direito subjetivo seu optar por

---

[34] ROLIM, João Dácio; CARDOSO, Alessandro Mendes. In: MACHADO, Hugo de Brito (coord). Op. cit., p. 456.

[35] Súmula 247 do extinto TFR. "Não constitui pressuposto da ação anulatória do débito fiscal o depósito de que cuida o art. 38 da Lei nº 6.830, de 1980."

efetuar o depósito do montante integral que lhe está sendo exigido e, assim, obter a suspensão da exigibilidade do tributo enquanto o discute administrativa ou judicialmente. Quando não tem a disponibilidade, como nos casos de substituição tributária, em que o substituto tributário tem a obrigação de reter e recolher o tributo supostamente devido (e.g., IRRF), terá o contribuinte de obter decisão judicial que determine ao substituto tributário que coloque à disposição do Juízo o montante do tributo em vez de recolher aos cofres públicos. Isso porque, no caso de substituição tributária, há toda uma sistemática de tributação que não está sob livre disposição do contribuinte. No caso de substituição tributária, pois, inexiste direito subjetivo ao depósito, podendo ele ser determinado pelo Juiz, entretanto, a pedido da parte, mediante verificação da existência de forte fundamento de direito a amparar a tese do contribuinte quanto a ser indevido o tributo.

O direito ao depósito independe da modalidade de lançamento a que esteja sujeito o tributo, aplicando-se, também, aos que devem ser recolhidos no regime de lançamento por homologação.

Para que tenha o efeito de suspensão da exigibilidade do crédito tributário, o depósito tem de ser em dinheiro e corresponder àquilo que o Fisco exige do contribuinte, ou seja, tem de ser suficiente para garantir o crédito tributário, acautelando os interesses da Fazenda Pública. Neste sentido, dispõe a Súmula 112 do STJ: "O depósito somente suspende a exigibilidade do crédito tributário se for integral e em dinheiro.".

O entendimento ainda predominante é no sentido da insuficiência do depósito mensal das prestações atinentes a parcelamento obtido pelo contribuinte.

A integralidade do depósito verifica-se na data da sua realização. Efetuado, restam afastados os efeitos da mora relativamente ao montante depositado, de modo que não poderão ser cobrados juros e multa sobre o montante depositado tempestivamente. De qualquer modo, os depósitos, no âmbito federal, recebem atualização pela SELIC.

Efetuado o depósito, fica ele cumprindo função de garantia do pagamento do tributo, tendo seu destino vinculado à decisão final, após o seu trânsito em julgado. Note-se que, com o depósito, o próprio contribuinte formaliza a existência do crédito, apurando o montante devido e, inclusive, afetando ao resultado da demanda quantia suficiente para a sua satisfação. Descabido, pois, por desnecessário, exigirmos lançamento, salvo para a constituição de eventual diferença não coberta pelo depósito. Não haverá que se falar em decadência quanto ao montante depositado.

Os depósitos judiciais relativos à discussão de tributos perante a Justiça Federal devem ser feitos, por iniciativa do contribuinte, mediante simples preenchimento e pagamento de guia própria diretamente na Caixa Econômica Federal,[36] indicando o número do processo em que está sendo discutido o tributo. O depósito independe, até mesmo, de requerimento ao Juiz.

Estando o débito garantido por depósito integral, incidem os arts. 151, II, e 206 do CTN, devendo o Fisco, independentemente de determinação do Juízo, reconhecer o direito do contribuinte à Certidão Positiva de Débitos com Efeitos de Negativa.

A última hipótese prevista no art. 206 do CTN a ensejar a obtenção de Certidão Positiva de Débitos com Efeitos de Negativa é a *penhora*.

Se a execução tarda a ser ajuizada, tem-se admitido, inclusive, que o contribuinte se adiante à execução fiscal, oferecendo garantia em Ação Cautelar para a obtenção do efeito da penhora.[37] Não se cuida, por certo, de contracautela a amparar a concessão de liminar suspensiva da

---

[36] O art. 1º da Lei 9.703/98 impõe que, na esfera federal, o depósito seja feito na CEF e não em outra qualquer instituição financeira.

[37] STJ, REsp 536.037.

exigibilidade. Fosse assim, não poderia a execução ser ajuizada, pois esta pressupõe título certo, líquido e exigível. Cuida-se, em verdade, de antecipação de penhora. Analisamos tais questões processuais em capítulo adiante específico sobre tal Ação Cautelar.

Normalmente, contudo, a penhora será formalizada diretamente no bojo da Execução Fiscal.

Note-se que a penhora a que se refere o art. 206 do CTN é aquela suficiente para garantir a satisfação de todo o crédito exeqüendo. Penhora de valor inferior faz com que parte do débito permaneça a descoberto, sem garantia, de modo que não enseja a obtenção de certidão. Vejam-se precedentes claros e específicos sobre o tema:

> CERTIDÃO POSITIVA COM EFEITOS DE NEGATIVA. ART. 206 DO CTN (...) 1. A certidão positiva com efeitos de negativa somente pode ser expedida quando no processo de execução tiver sido efetivada a penhora ou quando estiver suspensa a exigibilidade do crédito tributário (art. 151 do CTN), nos termos do art. 206 do CTN. 2. In casu, restou consignado pelo Tribunal a quo, que a penhora efetuada restou integral e suficiente para garantia da execução. (STJ, 1ª T., AgRg no REsp 947.427/RS, Rel. Ministro LUIZ FUX, ago/08)

> TRIBUTÁRIO – EXECUÇÃO FISCAL – CERTIDÃO POSITIVA COM EFEITO DE NEGATIVA – CONDICIONAMENTO À PENHORA QUE SATISFAÇA O DÉBITO EXEQÜENDO – LEGALIDADE – PROTEÇÃO AO INTERESSE E AO PATRIMÔNIO PÚBLICO. 1. Não se reveste de ilegalidade a determinação de que a expedição de certidão positiva com efeito de negativa esteja condicionada à penhora de bens suficientes que garantam o débito exeqüendo, posto que a exegese do art. 206 do CTN conspira em prol do interesse público. 2. Para ser reconhecido o direito à Certidão Negativa de débito, não basta o oferecimento de bens à penhora. É necessário seja a mesma efetivada, garantindo o débito. Precedente. 3. Recurso improvido. (STJ, 1ª T., REsp 408.677/RS, Min. LUIZ FUX, ago/02)

A penhora é considerada realizada com a lavratura do auto ou termo de penhora, e não com o simples oferecimento de bens. Mas, caso a lavratura do termo de penhora tarde por razões não-imputáveis ao contribuinte, viabiliza-se o ajuizamento de ação cautelar incidental para a obtenção da certidão de regularidade, conforme bem destaca André Mendes Moreira:

> Há casos, contudo, em que a execução fiscal é ajuizada, o contribuinte oferece bens em garantia da totalidade do crédito exeqüendo, mas a lavratura do termo de penhora demora meses, por razões inerentes ao próprio Judiciário (logo, inimputáveis ao contribuinte). O acúmulo de processos nas Varas, notório e de sabença geral, sobrecarrega os magistrados e torna vagaroso o andamento de feitos que não demandem medidas de urgência, como é o caso das execuções fiscais. Nesses casos, o contribuinte, para resguardar seu direito, poderá aviar ação cautelar incidental à execução fiscal, ao argumento de que, tendo oferecido bens em garantia do juízo e não tendo sido lavrado o termo de penhora por fatos que não lhe são imputáveis, faz jus à renovação da certidão com efeitos negativos até que se ultime a lavratura do termo de penhora no executivo fiscal.[38]

Aliás, lavrado o auto ou termo de penhora, seus efeitos, para fins de expedição de Certidão Positiva de Débitos com Efeitos de Negativa, independem da intimação das partes, da homologação expressa pelo Juiz e do registro da penhora.[39]

Além disso, não havendo elementos que digam, de pronto, da evidente insuficiência da penhora, não se pode

---

[38] MOREIRA, André Mendes. Da Certidão de Débitos Tributários com Efeitos Negativos. Direito do Contribuinte à sua Renovação. Medidas Judiciais Cabíveis. *RDIT* 1/13, jun/04.

[39] "Não se exige, para a 'efetivação' da penhora, a intimação das partes na execução, seja exeqüente, seja executada. A intimação não é ato processual integrante da penhora, muito menos um de seus requisitos. Intimação é apenas o meio pelo qual se dá ciência da penhora às partes (...). Também não se exige, para que se considere efetivada penhora, expressa homologação do ato pelo juiz da execução. A penhora, apesar de determinada pelo juiz, é efetivada pelos serventuários da Justiça. Pode o juiz anular a penhora, mas não se faz necessária a sua participação para o aperfeiçoamento do ato em si considerado (...). Não se exige, por fim, para a aplicação do art. 206 do CTN, o registro da penhora, quando cabível. É que, conforme entendimento dominante, tal registro destina-se apenas a torná-la eficaz perante terceiros de boa-fé eventualmente atingidos pelo ato processual. Tal assertiva vale, inclusive, após a alteração do art. 659, § 4º, do CPC, pela Lei nº 8.953/94. Mesmo antes do registro, assim, a penhora vale e é eficaz perante o executado (...) " (TREVISAN, Rafael. *In*: PAULSEN, Leandro (org.). *Certidões Negativas de Débito*. Ed. Liv. do Advogado e ESMAFE, 1999, p. 249/251)

condicionar a expedição da Certidão Positiva de Débitos com Efeitos de Negativa à prévia avaliação. De fato, a ausência de avaliação realizada por Oficial de Justiça, por si só, não obsta os efeitos da penhora.[40]

Pode ocorrer, contudo, que penhora inicialmente suficiente torne-se, com o tempo, incapaz de satisfazer o débito, seja pela desvalorização dos bens, seja pelos acréscimos moratórios ao montante exeqüendo. Nestes casos, pode tornar-se necessário reforço de penhora para que o contribuinte continue tendo direito à Certidão Positiva de Débitos com Efeitos de Negativa. Mas tal terá de ser devidamente apurado pelo Magistrado e não simplesmente presumido pelo Fisco por ocasião de pedido de certidão. Sobre a matéria, escreveu Raquel Cavalcanti Ramos Machado:

> (...) podemos concluir (...): a) realizada a penhora de bens, em valor suficiente para garantir a execução, o cidadão executado tem direito ao recebimento de certidão positiva de débitos, com efeito de negativa (CPD-EN); b) só o juiz da execução pode afirmar a insuficiência dos bens penhorados, afirmação da qual dependem as conseqüências jurídicas que poderiam ser extraídas dessa insuficiência, a exemplo da recusa no fornecimento de CPD-EN por autoridades fiscais; c) para afirmar a insuficiência da penhora, nas hipóteses em que esta tenha sido originalmente efetuada de modo suficiente, o juiz deve providenciar a prévia reavaliação dos bens penhorados, não sendo razoável apenas cotejar o valor originário destes com o valor atualizado do débito".[41]

Também Anderson Furlan e José Antonio Savaris já cuidaram da matéria com precisão:

> (...) aviado requerimento de expedição de certidão positiva com efeito de negativa, em casos de bens penhorados e judicialmente confirmados como suficientes para garantia da execução, outra não poderá ser a

---

[40] "(...) garantida a execução pelo oferecimento de regular penhora, a falta de avaliação dos mesmos não é óbice a concessão da CND, mormente quando seu valor presuntivo é razoável" (TRF4, 2ª T., unân., DJU de 10.09.97)

[41] MACHADO, Raquel Cavalcanti Ramos. Competência para declarar a insuficiência da penhora e seus reflexos na emissão de certidão positiva com efeito de negativa. *RDDT* 123/73, dez/05.

Manual das Certidões Negativas de Débito

conduta da autoridade administrativa que não a de fornecer o documento requerido. Caso discorde da avaliação dos bens ou mesmo da concreta garantia da dívida executada, cabe-lhe, apenas e tão-somente, buscar as vias processuais adequadas para modificar ou reverter a decisão que declarou a suficiência dos bens penhorados para garantir a dívida executada.[42]

Completamos a abordagem do ponto com os esclarecimentos de Ives Gandra da Silva Martins e Marilene Talarico Martins Rodriges:

> Se a penhora foi feita para garantia do débito e foi aceita pela Fazenda Pública, a qualquer momento, poderá ela pedir reforço de penhora, em momento posterior, se houver alteração dos fatos e dos valores do débito, porém, o pedido deverá ser feito sempre no processo de execução e não fora dele, como tem ocorrido, para negativa de expedição de certidões.
>
> A autoridade competente para examinar o pedido de reforço ou substituição da penhora é sempre o juiz do processo de execução, que poderá determinar a avaliação dos bens penhorados e constatar se a penhora é insuficiente, para proceer ao reforço de penhora e não a Administração que, for do processo, se nega a expedir certidões, alegando insuficiência de penhora a garantir o débito no processo de execução.[43]

Aspecto importante a destacar é que o Fisco pode exigir do contribuinte a demonstração da garantia por penhora relativamente às inscrições em dívida ativa cujos registros eventualmente ainda não apontem tal informação. Mas não pode impor, ao contribuinte, diligências trabalhosas e inúteis, exigindo documentação que desborda da necessária à demonstração de que foi lavrado auto ou reduzida a termo penhora suficiente.[44] A exigência, a cada novo pedido de certidão, da apresentação de certidão narratória expedida em prazo inferior a 30 dias, por exemplo, desborda da ra-

---

[42] FURLAN, Anderson; SAVARIS, José Antonio. In: MACHADO, Hugo de Brito (coord). Op. cit., p. 60.

[43] MARTINS, Ives Gandra da Silva; RODRIGES, Marilene Talarico Martins. In: MACHADO, Hugo de Brito (coord.). Op. cit., p. 411.

[44] O mesmo vale para as demais causas previstas no art. 206 do CTN. O Fisco deve aceitar qualquer documentação idônea suficiente para a sua demonstração, como cópias da inicial e da guia de depósito ou decisão liminar.

zoabilidade, pois vai além da exigência de demonstração da causa suspensiva ou da garantia que ensejam a concessão da certidão positiva com efeitos de negativa.

Demonstrada pelo contribuinte hipótese descrita no art. 206 do CTN, através de documentação idônea, impõe-se que a autoridade expeça a respectiva certidão, podendo, no prazo que lhe compete, se assim entender, consultar os autos da respectiva Execução Fiscal para confirmar se a situação já demonstrada persiste daquela forma.

Quanto a Execuções Fiscais contra entes públicos, por sua vez, cabe destacar que seguem adaptações em seu rito, compatibilizando-se os dispositivos da Lei 8.630/80 com o art. 730 do CPC. Isso justamente porque o pagamento dos débitos, no caso, faz-se mediante inclusão em precatório, nos termos do art. 100 da CF. Nas Execuções contra a Fazenda Pública, pois, não ocorre penhora de bens, considerada, aliás, desnecessária e descabida em face do próprio rito da execução e da presumida solvência do executado. Tem-se reconhecido, por isso, o direito das pessoas jurídicas de direito público à Certidão Positiva de Débitos com Efeitos de Negativa independentemente de penhora, conforme o precedente que segue:

> EXECUÇÃO FISCAL. MUNICÍPIO. PESSOA JURÍDICA DE DIREITO PÚBLICO. EMBARGOS À EXECUÇÃO. AUSÊNCIA DE GARANTIA POR PENHORA. CERTIDÃO POSITIVA COM EFEITOS DE NEGATIVA (...) 1. A jurisprudência desta Corte tem entendimento firmado no sentido de que na execução fiscal proposta contra Município, em se tratando de pessoa jurídica de direito público não sujeita a penhora de bens, opostos embargos à execução, recebidos e processados, tem o embargante direito a expedição de certidão positiva com efeitos de negativa. (STJ, 2ª T., AgRg no Ag 936.196/BA, Rel. Ministra ELIANA CALMON, abr/08)

Manual das Certidões Negativas de Débito

3. O requerimento de certidão e seu indeferimento

3.1. Requerimento via Internet ou perante as unidades da RFB

O cuidado no acompanhamento da situação fiscal das empresas por parte de seus contadores pode antecipar a tomada de providências quanto à retificação de documentos relativos às declarações, aos pagamentos e às compensações efetuadas, que eventualmente tenham sido preenchidos de modo equivocado, e, com isso, facilitar a obtenção das certidões quando necessárias.

Regina Célia Rivas Beltran e Valter Luiz Soares de Freitas sugerem que o contribuinte mantenha contato periódico com o Centro de Atendimento ao Contribuinte da Receita Federal com vista ao monitoramento da sua situação:

> Através do Centro de Atendimento ao Contribuinte (CAC), a Receita Federal disponibiliza extrato contento informações sobre sua situação fiscal. Aquelas empresas que, para o desempenho de sua atividade, necessitam manter certidão negativa válida, devem solicitar periodicamente este relatório para que possam acompanhar sua situação fiscal perante o cadastro da SRF e providenciar a regularização de eventuais pendências, seja nos dados cadastrais da empresa ou seja nos valores

Manual das Certidões Negativas de Débito

apontados em cobrança. Existindo informações de valores em cobrança, deverá ser verificado através de conciliação entre os Darfs e DCTFs, se os valores declarados foram realmente recolhidos ou compensados e se as informações prestadas estão corretas. Caso exista alguma informação declarada de forma equivocada, poderá ser feita declaração retificadora, desde que o débito não tenha sido alvo de auto de infração. Após analisar e verificar que os valores apontados no extrato, não são devidos, deverá comparecer no CAC de posse dos documentos para comprovar junto ao funcionário da Receita que fará a correção das informações.[45]

A comprovação da regularidade fiscal das empresas, de fato, depende da ostentação de diversas certidões, o que pode mostrar-se trabalhoso caso haja muitas pendências a serem corrigidas ou discutidas.

A comprovação da regularidade perante a Fazenda Nacional depende da obtenção, pelo contribuinte, de certidão específica quanto às contribuições previdenciárias, expedida pela RFB, e de certidão conjunta quanto aos demais tributos e quanto à dívida ativa da União, expedida pela RFB e pela PGFN. O Dec. 6.106/07 e a Portaria Conjunta PGFN/RFB n° 3/07 disciplinam a comprovação da regularidade fiscal, seja quanto aos tributos em fase de lançamento e cobrança administrativa, seja quanto aqueles já inscritos em dívida ativa. Vejamos o art. 1° do Dec. 6.106/07:

> Art. 1º A prova de regularidade fiscal perante a Fazenda Nacional será efetuada mediante apresentação de:
> I – certidão específica, emitida pela Secretaria da Receita Federal do Brasil, quanto às contribuições sociais previstas nas alíneas " a" , " b" e "c" do parágrafo único do art. 11 da Lei nº 8.212, de 24 de julho de 1991, às contribuições instituídas a título de substituição e às contribuições devidas, por lei, a terceiros, inclusive inscritas em dívida ativa do Instituto Nacional do Seguro Social e da União, por ela administradas;

---

[45] BELTRAN, Regina Célia Rivas; SOARES DE FREITAS, Valter Luiz. *Manual Prático de Certidões Negativas.* São Paulo: IOB/THOMSON, 2006, p. 35.

II – certidão conjunta, emitida pela Secretaria da Receita Federal do Brasil e Procuradoria-Geral da Fazenda Nacional, quanto aos demais tributos federais e à Divida Ativa da União, por elas administrados.

O art. 35 da Lei 10.522/02 já previa a expedição de certidões pela Internet, dizendo serem válidas independentemente de assinatura ou chancela de servidor dos órgãos emissores.[46] A IN RFB 734/07 disciplinou a matéria quanto à expedição de Certidão Conjunta Negativa de Débitos e de Certidão Conjunta Positiva com Efeitos de Negativa relativas aos tributos administrados pela RFB e à dívida ativa da União administrada pela PGFN:

Art. 6º As certidões de que tratam os arts. 2º e 3º serão solicitadas e emitidas por meio da Internet, nos endereços eletrônicos <http://www.receita.fazenda.gov.br> ou <http://www.pgfn.fazenda.gov.br>.

Art. 7º Na impossibilidade de emissão de certidão pela Internet e havendo indicação para que o interessado compareça à RFB, o sujeito passivo deverá apresentar requerimento de emissão de certidão conjunta na unidade da RFB de seu domicílio tributário.

Art. 8º A certidão conjunta poderá ser requerida pelas pessoas referidas no art. 8º da Portaria Conjunta PGFN/RFB nº 3, de 2007.

Art. 9º O requerimento de certidão será efetuado por meio do formulário "Requerimento de Certidão Conjunta" constante no Anexo II. Parágrafo único. O formulário de que trata o *caput* poderá ser reproduzido livremente, por cópia reprográfica, e será disponibilizado nas páginas da RFB e da PGFN na Internet, nos endereços eletrônicos referidos no art. 6º.

A expedição pela Internet é imediata, *on line*.

Sendo necessário formular requerimento junto às agências da RFB, as certidões devem ser expedidas no prazo de até dez dias, conforme o parágrafo único do art. 205 do CTN, inaplicável à espécie o art. 1º da Lei 9.051/95 que é lei ordinária e cuida do direito a certidões em geral, con-

---

[46] Lei 10.522/02: "Art. 35. As certidões expedidas pelos órgãos da administração fiscal e tributária poderão ser emitidas pela internet (rede mundial de computadores) com as seguintes características: I – serão válidas independentemente de assinatura ou chancela de servidor dos órgãos emissores; II – serão instituídas pelo órgão emissor mediante ato específico publicado no Diário Oficial da União onde conste o modelo do documento."

Manual das Certidões Negativas de Débito

forme já destacado em nota quando da análise do direito à certidão.

3.2. Análise das razões do indeferimento tácito ou expresso

Sempre que nos deparamos com pretensão à obtenção de Certidão Negativa, a primeira medida a tomar é buscar conhecer exatamente as razões pelas quais não foi obtida administrativamente pelo contribuinte. Esta análise é o ponto de partida, seja para as medidas que venha a tomar o advogado, seja para a decisão do juiz em ação relacionada à matéria.

3.2.1. Simples omissão, excesso de trabalho ou greve

Pode ocorrer simplesmente que tenha sido protocolado requerimento de certidão e que, por omissão, excesso de trabalho ou greve no serviço público, decorra o prazo de 10 dias estabelecido pelo art. 205, parágrafo único, do CTN sem que o Fisco tenha expedido a Certidão Negativa de Débitos pretendida, tampouco Certidão Positiva de Débitos com Efeitos de Negativa nem mesmo Certidão Positiva de Débitos.

Neste caso, teremos violação ao direito constitucional de obter certidões dos órgãos públicos. Não se saberá qual a situação fiscal do contribuinte, tampouco se há efetivamente alguma resistência da Administração em fornecer a certidão pretendida.

A solução, pois, será o contribuinte ir a Juízo buscando, apenas e tão-somente, que a Administração expeça a certidão correspondente à sua situação fiscal. Não deverá requerer tal ou qual certidão (CND ou CPDEN), mas a determinação de que o Fisco expeça certidão quanto à situação fiscal e, persistindo a negativa, que seja fixada multa diária até a efetiva expedição ou que o Juiz supra a falta da certidão autorizando o contribuinte a praticar os atos para os quais a certidão de regularidade é exigida, sem as conseqüências do art. 208 do CTN, o que detalhamos adiante ao cuidarmos do Mandado de Segurança. Vejamos, de qualquer modo, desde já, os precedentes abaixo:

CERTIDÃO NEGATIVA DE DÉBITO. GREVE DOS SERVIDORES DO INSS. 1. A obtenção de certidão junto ao poder público para a defesa de direitos e esclarecimentos de situações de interesse particular é assegurada pela Constituição Federal de 1988. Assim, o contribuinte não pode ser prejudicado pela greve dos servidores do INSS, devendo ser expedida a certidão de débitos, positiva ou negativa, conforme for a situação fiscal do contribuinte, se outro motivo não houver à recusa. 2. Apelo parcialmente conhecido e improvido. Remessa oficial improvida. (TRF4, 2ª Turma, AMS 2004.71.08.006246-3, Rel. Marga Inge Barth Tessler, publicado em 03/08/2005)

CERTIDÃO QUANTO À SITUAÇÃO FISCAL. GARANTIA FUNDAMENTAL ASSEGURADA NA CONSTITUIÇÃO FEDERAL (...) GREVE NO SERVIÇO PÚBLICO NÃO PODE OBSTACULIZAR O EXERCÍCIO DO DIREITO. CRÉDITO (...) 1. O direito a todos assegurado de obter certidões em repartições públicas para defesa de interesses e esclarecimento de situações pessoais não pode ser obstaculizado em virtude de greve dos servidores da autarquia previdenciária. (TRF4, 1ª T., AMS 2001.71.07.004587-0/RS, Des. Fed. Welligton M. de Almeida, mai/02)

Expedida a certidão, qualquer que seja, poderão ser analisadas as razões pelas quais eventualmente tenha sido expedida Certidão Positiva, e não as pretendidas Certidão Negativa de Débitos ou Certidão Positiva de Débitos com Efeitos de Negativa.

Inconformado, poderá o contribuinte ajuizar outro Mandado de Segurança, com objeto e pedido diversos, buscando, então, especificamente a expedição da certidão a que entender ter direito, com o afastamento dos óbices já conhecidos e que considere ilegais.

Manual das Certidões Negativas de Débito

3.2.2. Não-apresentação de declarações

Outra causa bastante recorrente que costuma ser invocada pela Administração para deixar de expedir Certidão Negativa de Débitos é o fato de não constar dos sistemas do Fisco a apresentação de declarações como DCTF e GFIP, o que indicaria a possível existência de débitos que o contribuinte não teria informado ao Fisco.

Isso porque, como já visto ao cuidarmos da Certidão Negativa de Débitos, a própria Lei 8.212/91 coloca essas falhas de declaração como óbice à expedição da certidão. Vale retomar o dispositivo:

Art. 32. A empresa é também obrigada a:

(...)

IV – declarar à Secretaria da Receita Federal do Brasil e ao Conselho Curador do Fundo de Garantia do Tempo de Serviço – FGTS, na forma, prazo e condições estabelecidos por esses órgãos, dados relacionados a fatos geradores, base de cálculo e valores devidos da contribuição previdenciária e outras informações de interesse do INSS ou do Conselho Curador do FGTS; (redação da MP 449/2008)

§ 10. O descumprimento do disposto no inciso IV impede a expedição da certidão de prova de regularidade fiscal perante a Fazenda Nacional. (redação da MP 449/2008)

Assim, também, dispõe a IN SRF n° 438/2004, acera da Certidão Negativa de Débitos de Imóvel Rural:

Art. 5º A Certidão Negativa de Débitos do ITR será fornecida quando, em relação ao imóvel objeto do requerimento, não constar:

II – falta de apresentação da Declaração do Imposto sobre a Propriedade Territorial Rural (DITR);

Como já ressaltado, isto viola a própria noção de certidão negativa, pois o indeferimento ocorre quando ainda nada consta dos assentos públicos apontando a existência efetiva de crédito tributário formalizado e, por isso, certificável. Veja-se o precedente:

TRIBUTO SUJEITO A LANÇAMENTO POR HOMOLOGAÇÃO. ENTREGA DA GFIP (LEI 8.212/91). ALEGAÇÃO DE DESCUMPRIMENTO DE OBRIGAÇÃO ACESSÓRIA. AUTO DE INFRAÇÃO CONTENDO O LANÇAMENTO DE OFÍCIO SUPLETIVO ACRESCIDO DA MULTA.

INEXISTÊNCIA. RECUSA NO FORNECIMENTO DE CND. IMPOSSIBILIDADE. SÚMULA 7/STJ.

1. A mera alegação de descumprimento de obrigação acessória, consistente na entrega de Guia de Recolhimento do FGTS e Informações à Previdência Social (GFIP), não legitima, por si só, a recusa do fornecimento de certidão de regularidade fiscal (Certidão Negativa de Débitos – CND), uma vez necessário que o fato jurídico tributário seja vertido em linguagem jurídica competente (vale dizer, auto de infração jurisdicizando o inadimplemento do dever instrumental, constituindo o contribuinte em mora com o Fisco), apta a produzir efeitos obstativos do deferimento de prova de inexistência de débito tributário.

2. A Lei 8.212/91, com a redação dada pela Lei 9.528/97, determina que o descumprimento da obrigação acessória de informar, mensalmente, ao INSS, dados relacionados aos fatos geradores da contribuição previdenciária, é condição impeditiva para expedição da prova de inexistência de débito (artigo 32, IV e § 10).

3. Nada obstante, em se tratando de tributo sujeito a lançamento por homologação, o descumprimento da aludida obrigação acessória demanda a realização de lançamento de ofício supletivo (artigo 173, I, do CTN) pela autoridade administrativa competente, a fim de constituir o crédito tributário (acrescido da multa por inadimplemento de dever instrumental), que, uma vez vencido, pode vir a impedir a expedição de certidão de regularidade fiscal, em não havendo causa suspensiva de sua exigibilidade.

4. Deveras, inexistente o lançamento, não há que se falar em crédito tributário constituído e vencido, o que torna ilegítima a recusa da autoridade fiscal em expedir a CND, máxime quando sequer há auto de infração constituindo o contribuinte em mora por descumprimento da obrigação acessória.

5. *In casu*, restou assente na instância ordinária que: (i) no que pertine a crédito tributário já constituído, há causa suspensiva de exigibilidade (parcelamento); e (ii) a alegação de não entrega da GFIP não respalda a recusa de fornecimento de CND, uma vez que o crédito tributário pertinente não foi devidamente constituído pelo lançamento.

6. Destarte, ausente qualquer inferência, no Juízo a quo, acerca da existência de auto de infração que encarte o lançamento de ofício acrescido da multa (norma individual e concreta), exsurge o óbice inserto na Súmula 7/STJ, impedindo o reexame do contexto fático probatório dos autos capaz, eventualmente, de ensejar a reforma do julgado regional.

7. Recurso especial a que se nega provimento.

(REsp 944.744/SC, Rel. Ministro LUIZ FUX, PRIMEIRA TURMA, julgado em 10/06/2008, DJe 07/08/2008)

Manual das Certidões Negativas de Débito

Para que não fiquemos repetindo a análise, remetemos o leitor ao capítulo anterior sobre as Certidões Negativas de Débito.

3.2.3. Declaração ou confissão de débito

Outra hipótese muito comum é a expedição de Certidão Positiva de Débitos pelo Fisco ou outro documento equivalente, como um "Relatório de Pendências", apontando declarações do contribuinte que indicam valores devidos a título tributário, os quais, conforme o Fisco, ainda não tenham sido satisfeitos.

Neste caso, teremos, efetivamente, crédito tributário devidamente formalizado pelo próprio contribuinte por ocasião do cumprimento das suas obrigações acessórias de prestar declaração ou por ocasião de confissão, e.g., para fins de parcelamento posteriormente inadimplido.

Lembre-se que a formalização do crédito tributário pode ser realizada tanto pelo contribuinte (declarações/confissões), como pelo Fisco (lançamento). A declaração dispensa o Fisco de lançar, pois pode ser ela própria diretamente encaminhada para inscrição em dívida ativa, dando origem a Certidão de Dívida Ativa, título executivo que fundamenta a Execução Fiscal.

Havendo, pois, formalização do crédito pelo contribuinte e estando o mesmo em aberto (não tendo ocorrido nenhuma causa de extinção do crédito de que cuida o art. 156 do CTN, como pagamento, compensação, decadência ou prescrição), não tem, o contribuinte, direito à Certidão Negativa. É correta, nestes casos, a expedição de Certidão Positiva de Débitos. Nenhum direito do contribuinte terá sido violado. Sua situação é irregular e não há como certificar-se o contrário. Veja-se o precedente:

DECLARAÇÃO DO DÉBITO PELO CONTRIBUINTE: FORMA DE CONSTITUIÇÃO DO CRÉDITO TRIBUTÁRIO (...) 1. A apresentação, pelo contribuinte, de Declaração de Débitos e Créditos Tributários Federais – DCTF (instituída pela IN-SRF 129/86, atualmente regulada pela IN8 SRF 395/2004, editada com base no art. 5º do DL 2.124/84 e art. 16 da Lei 9.779/99) ou de Guia de Informação e Apuração do ICMS – GIA, ou de outra declaração dessa natureza, prevista em lei, é modo de constituição do crédito tributário, dispensada, para esse efeito, qualquer outra providência por parte do Fisco. A falta de recolhimento, no devido prazo, do valor correspondente ao crédito tributário assim regularmente constituído acarreta, entre outras conseqüências, as de (a) autorizar a sua inscrição em dívida ativa; (b) fixar o termo *a quo* do prazo de prescrição para a sua cobrança; (c) inibir a expedição de certidão negativa do débito; (d) afastar a possibilidade de denúncia espontânea. (STJ, 1ª T., REsp 671.219/RS, Rel. Ministro TEORI ALBINO ZAVASCKI, jun/08)

PROCESSUAL CIVIL. EXECUÇÃO FISCAL. DÉBITO DECLARADO. DCTF. CERTIDÃO NEGATIVA DE DÉBITOS. 1(...). 2. Em se tratando de tributo lançado por homologação, ocorrendo a declaração do contribuinte e na falta de pagamento da exação no vencimento, fica elidida a necessidade da constituição formal do débito pelo Fisco quanto aos valores declarados. 3. A declaração do contribuinte "constitui" o crédito tributário relativo ao montante informado e torna dispensável o lançamento. 4. Não se admite o fornecimento de certidão negativa de débito quando existir tributo declarado e não pago, independentemente da prática de qualquer ato pelo Fisco, pois a cobrança pode ser realizada apenas com base na declaração do contribuinte. 5 (...). (STJ, 2ª T., REsp 1050947/MG, Rel. Ministro CASTRO MEIRA, mai/08)

Mas sempre é necessário atentar para a possibilidade de ter ocorrido alguma causa extintiva do crédito, o que deve ser alegado pelo contribuinte.

O montante declarado pode já ter sido pago, estar decaído ou prescrito, conforme analisamos adiante quando da análise da invocação de lançamento, hipótese em que terá o contribuinte direito à Certidão Negativa de Débitos.

Caso bastante comum de extinção do crédito também e que convém tratar aqui é o da declaração do tributo devido acompanhado da declaração de compensação do respectivo valor, restando saldo zero a pagar.

A compensação está disciplinada em caráter geral pelo art. 170 do CTN, que estabelece que o legislador poderá autorizar compensações entre créditos tributários da Fa-

Manual das Certidões Negativas de Débito

zenda Pública e créditos do sujeito passivo contra ela. Não há, pois, direito à compensação decorrente diretamente do Código Tributário Nacional, pois depende da intermediação de lei específica autorizadora.

A lei autorizadora a que refere o art. 170 do CTN será federal, estadual ou municipal, cada qual podendo autorizar a compensação com os tributos do respectivo ente político. O legislador pode estabelecer condições e limites para a compensação. Ademais, tratando-se de um instrumento para a extinção de créditos tributários relativos aos tributos efetivamente devidos, aplica-se a lei vigente por ocasião do exercício da compensação pelo titular do direito ao ressarcimento.

No âmbito federal, a compensação pode ser efetuada pelo Fisco (art. 7º do DL 2.287/86 e pelo art. 89, § 8º, da Lei 8.212/91, ambos com a redação da Lei 11.196/05, dispondo sobre a matéria, ainda, o art. 74 da Lei 9.430/96) ou pelo contribuinte (arts. 74 da Lei 9.430/96 e 66 da Lei 8.383/91).

O contribuinte terá de seguir a legislação para a realização das suas compensações, de modo que possam elas ser oponíveis ao Fisco. Há hipóteses de compensações expressamente vedadas por lei (§§ 3º e 12 do art. 74 da Lei 9.430/96) que, se a despeito da vedação legal inequívoca, forem efetuadas pelo contribuinte, serão simplesmente consideradas não-declaradas, podendo ser simplesmente desconsideradas pelo Fisco, sem que o contribuinte tenha direito à impugnação e a recurso com efeito suspensivo, tais como as compensações em que o crédito seja de terceiros e aquelas em que o crédito seja decorrente de decisão judicial não transitada em julgado, tudo conforme o § 12 do art. 74 da Lei 9.430/96.

Realizada a compensação pelo contribuinte em hipótese e pela forma prevista em lei, restará, a princípio, extinto o crédito tributário, ainda que sob condição resolutória (a posterior não-homologação por parte do Fisco).

Nestes casos, o tributo declarado como devido pelo contribuinte, mas também declarado compensado, deverá ser considerado extinto, não podendo figurar como óbice à expedição de Certidão Negativa de Débitos. Vejam-se os precedentes:

> TRIBUTÁRIO. TRIBUTO SUJEITO A LANÇAMENTO POR HOMOLO-GAÇÃO. CRÉDITO DECLARADO EM DCTF OBJETO DE COMPEN-SAÇÃO. LANÇAMENTO TRIBUTÁRIO. NECESSIDADE. EXPEDIÇÃO DE CERTIDÃO NEGATIVA DE DÉBITOS. POSSIBILIDADE. I – A jurisprudência desta colenda Corte afirma que, uma vez reconhecido o crédito tributário, por meio de DCTF, tal ato equivale ao próprio lançamento, tornando-se imediatamente exigível o débito não pago, assertiva que, em tese, teria o condão de ensejar a interpretação segundo a qual, nesta hipótese, correto o procedimento da Fazenda Pública em não fornecer certidão positiva de débitos com efeito de negativa. II – Todavia, verifico que há peculiaridade a afastar tal entendimento, in casu, consubstanciada no fato de que o crédito declarado em DCTF foi objeto de compensação pelo contribuinte, devidamente informada ao Fisco, de maneira que cabe, em conseqüência, à Fazenda verificar a regularidade da conduta, por meio do devido procedimento administrativo-fiscal. Assim, somente em concluindo pela ilegitimidade da compensação, após o referido procedimento, é que será possível a constituição do crédito tributário respectivo e a recusa à expedição de certidão negativa. (STJ, 1ª T., AgRg no REsp 1.077.921/RS, Rel. Ministro FRANCISCO FALCÃO, out/08)

> APRESENTAÇÃO DE DECLARAÇÃO DE CONTRIBUIÇÕES DE TRI-BUTOS FEDERAIS – DCTF – COMPENSAÇÃO – AUSÊNCIA DE PROCESSO ADMINISTRATIVO FISCAL – CRÉDITO NÃO CONSTI-TUÍDO DEVIDAMENTE – RECUSA DA EXPEDIÇÃO DE CERTIDÃO NEGATIVA DE DÉBITO – IMPOSSIBILIDADE (...) 1. A jurisprudência do STJ é assente no sentido de que inexiste crédito tributário devidamente constituído, enquanto não finalizado o necessário procedimento administrativo que possibilite ao contribuinte exercer a mais ampla defesa e, ao final, realizar o lançamento por eventual saldo de crédito tributário. (STJ, 2ª T., EDcl nos EDcl no AgRg no AgRg no Ag 449.559/SC, Rel. Ministro HUMBERTO MARTINS, set/08)

Poderá o Fisco, por certo, proceder à análise de tal ato e, havendo irregularidade, não o homologar, mas sempre resguardando ao contribuinte o direito à apresentação de

Manual das Certidões Negativas de Débito

impugnação e de recurso, ambos com efeito suspensivo da exigibilidade do crédito tributário, nos termos do Dec. 70.235/72 e do art. 151, III, do CTN, tal qual previsto expressamente nos §§ 9º a 11 do art. 74 da Lei 9.430/96, com a redação da Lei 10.833/03. Não sendo providos a impugnação ou o recurso, o montante do débito apontado pelo contribuinte na declaração de compensação será considerado como confissão de dívida e instrumento hábil e suficiente para a exigência dos débitos indevidamente compensados, podendo ser encaminhada a declaração para inscrição em dívida ativa de modo a viabilizar a posterior extração de certidão de dívida ativa e ajuizamento de execução fiscal.

No caso em que a compensação não tiver sido homologada e tiver sido interposto recurso ainda pendente de julgamento final, permanecerá suspensa a exigibilidadade do crédito que o contribuinte pretendera extinguir, ensejando, enquanto isso, a expedição de Certidão Positiva com Efeitos de Negativa.

Há precedente em que são destacadas as diversas situações:

TRIBUTÁRIO – COMPENSAÇÃO – DECLARAÇÃO NÃO RECUSADA FORMALMENTE – INEXISTÊNCIA DE DÉBITO – CERTIDÃO NEGATIVA OU POSITIVA COM EFEITO DE NEGATIVA – CONCESSÃO – POSSIBILIDADE – PRECEDENTES DAS TURMAS DE DIREITO PÚBLICO.

1. Com relação à possibilidade de expedição de certidão negativa ou positiva com efeito de negativa de débitoS tributários em regime de compensação afiguram-se possíveis as seguintes situações: a) declarada, via documento específico (DCTF, GIA, GFIP e congêneres), a dívida tributária, prescindível o lançamento formal porque já constituído o crédito, sendo inviável a expedição de certidão negativa ou positiva com efeitos daquela;

b) declarada a compensação por intermédio de instrumento específico, até que lhe seja negada a homologação, inexiste débito (condição resolutória), sendo devida a certidão negativa;

c) negada a compensação, mas pendente de apreciação na esfera administrativa (fase processual anterior à inscrição em dívida ativa), existe débito, mas em estado latente, inexigível, razão pela qual é devida a certidão positiva com efeito de negativa, após a vigência da Lei 10.833/03;

d) inscritos em dívida ativa os créditos indevidamente compensados, nega-se a certidão negativa ou positiva com efeitos de negativa.

2. Hipótese dos autos prevista na letra "b", na medida em que a declaração do contribuinte não foi recusada, nem este cientificado formalmente da recusa, de modo que inexiste débito tributário a autorizar a negativa da expedição da certidão negativa de débitos, nos termos do art. 205 do CTN.

3. Recurso especial não provido. (REsp 842.444/PR, Rel. Ministra ELIANA CALMON, SEGUNDA TURMA, julgado em 09/09/2008, DJe 07/10/2008)

3.2.4. Divergência entre os valores declarados e pagos

No item anterior, destacamos que a declaração de crédito tributário faz com que a única certidão possível, em estando tal crédito ainda em aberto, é a Certidão Positiva de Débitos.

O mesmo ocorrerá quando, embora efetuado pagamento pelo contribuinte, tal pagamento tenha sido parcial. É o caso do contribuinte que declara dever R$ 100.000,00 (cem mil reais) e paga R$ 10.000,00 (dez mil reais). Assim como no caso de um lançamento de ofício, em que o contribuinte só se desobrigará efetuando o pagamento do montante integral para o qual foi notificado, também aqui o crédito só será satisfeito se a dívida for paga integralmente, na totalidade dos valores formalizados.

Pagamento parcial, pois, faz com que permaneçam valores em aberto e que o débito, neste montante, seja certificável, pois devidamente formalizado. Utilizando-nos de mais uma comparação, temos situação semelhante ao pagamento parcial na Execução Fiscal. Assim como este não retira a liquidez da Certidão de Dívida Ativa, permitindo seu prosseguimento pelo saldo sem a necessidade de substituição do título, também o pagamento parcial do débito declarado não retira da declaração sua eficácia quanto à certificação do crédito que permaneça em aberto, que permanece exigível independentemente de nova declaração ou lançamento, desnecessários que são no caso.

3.2.5. Lançamento (Auto de Infração, Notificação Fiscal de Lançamento de Débito etc.)

Quando conste dos assentos do Fisco débito correspondente a lançamento realizado contra o contribuinte, não terá este direito à Certidão Negativa. Isso, a menos que o lançamento seja inválido ou ineficaz ou que tenha sobrevindo causa de extinção do crédito tributário.

A invalidade poderá decorrer de vício formal ou material.

Eventual vício formal poderá ser verificado mediante análise dos autos do processo administrativo, cabendo conferir se o lançamento contém os elementos indispensáveis (na esfera federal, vide arts. 10 e 11 do Decreto 70.235/72) e se a notificação e intimações das decisões proferidas relativamente à impugnação e aos recursos do contribuinte foram perfeitas. É inválido o lançamento que não aponta os elementos mínimos indispensáveis ao conhecimento exato do tributo exigido, da legislação aplicável e do montante devido.

Efetivamente, sendo, o lançamento, o ato através do qual se identifica a ocorrência do fato gerador, determina-se a matéria tributável, calcula-se o montante devido, identifica-se o sujeito passivo e, em sendo o caso, aplica-se a penalidade cabível, nos termos da redação do art. 142 do CTN, certo é que do documento que formaliza o lançamento deve constar referência clara a todos estes elementos, fazendo-se necessária, ainda, a indicação inequívoca e precisa da norma tributária impositiva incidente. Muitas vezes, o documento de lançamento (NFLD, Auto de Infração etc.) não é detalhado, mas se faz acompanhar de um relatório fiscal de lançamento, que o integra, contendo todos os dados necessários à perfeita compreensão das causas de fato e de direito, do período e da dimensão da obrigação imputada ao contribuinte, sendo que inexistirá vício de forma. Importa ressaltar, ainda, que o lançamento só terá eficácia após notificado ao sujeito passivo, conforme nota adiante.

No sentido da necessidade de clareza na identificação do fato gerador e no cálculo do tributo, há referência expressa na lei de custeio da Seguridade Social: "(...) a fiscalização lavrará notificação de débito, com discriminação clara e precisa dos fatos geradores, das contribuições devidas e dos períodos a que se referem (...)." (Art. 37 da Lei 8.212/91).

O prejuízo à defesa, decorrente da falta de elementos indispensáveis, tornam o lançamento nulo.

O vício material, por sua vez, estará presente nos casos em que for inválida a legislação que fundamenta o lançamento ou inadequada sua aplicação ao caso. Envolverá, assim, análise tanto do direito como dos fatos, verificando-se a constitucionalidade das leis, a legalidade dos atos infralegais e a efetiva ocorrência do fato gerador e das hipóteses autorizadoras da aplicação de multa.

A fundamentação do lançamento em legislação inválida ou inaplicável por implicar a anulação do lançamento.

A ineficácia ocorrerá no caso de falta de notificação, caso em que sequer se terá aperfeiçoado o ato de lançamento, tampouco terá sido adequadamente oportunizada a defesa.

A notificação ao sujeito passivo é condição para que o lançamento tenha eficácia.[47] Trata-se de providência que aperfeiçoa o lançamento, demarcando, pois, a constituição do crédito que, assim, passa a ser exigível do contribuinte – que é instado a pagar e, se não o fizer nem apresentar impugnação, poderá sujeitar-se à execução compulsória atra-

---

[47] STJ, REsp 738.205/PR; REsp 594395/MT.

Manual das Certidões Negativas de Débito

vés de Execução Fiscal – e oponível a ele – que não mais terá direito a certidão negativa de débitos em sentido estrito. A notificação está para o lançamento como a publicação está para a lei, sendo que para esta o Min. Ilmar Galvão, no RE 222.241/CE, ressalta que "Com a publicação fixa-se a existência da lei e identifica-se a sua vigência (...)".

A notificação, conforme previsão do art. 23 do Dec. 70.235/72 (Lei do Processo Administrativo Fiscal), pode ser efetuada pessoalmente ou por via postal, indistintamente,[48] mediante recebimento no domicílio do contribuinte, ainda que não assinado o AR propriamente por ele ou por seu representante legal. Pode, também ser realizada por meio eletrônico, com prova do recebimento. Mas apenas quando o contribuinte não for encontrado, apesar da realização de diligências pelo Fisco, frustrando-se todas as modalidades anteriores, é que viabilizará a notificação por edital.

Não têm sido raras situações em que o vício na notificação impede seja o débito oposto ao contribuinte. O STJ, aliás, tem afirmado reiteradamente que "A notificação do lançamento do crédito tributário constitui condição de eficácia do ato administrativo tributário, mercê de figurar como pressuposto de procedibilidade de sua exigibilidade".[49]

Não poderão ser opostos ao contribuinte, ainda, créditos que, embora formalizados de modo válido e eficaz, tenham sido extintos. O art. 156 do CTN considera *extinto o crédito tributário* quando:

a) reste satisfeito mediante pagamento (mesmo o realizado no regime de lançamento por homologação forte no art. 3º da LC 118/05), compensação, conversão em renda de valores depositados ou consignados ou dação em pagamento de bens imóveis na forma e condições estabelecidas

---

[48] STJ, REsp 380.368/RS

[49] STJ, 1ª T., AgRg no REsp 936.532/PR, Rel. Ministro LUIZ FUX, nov/2008.

por lei (incisos I, II, VI, VII, VIII e XI), ainda que mediante transação (inciso III);

b) quando reste desconstituído por decisão administrativa ou judicial (incisos IX e X);

c) quando seja perdoado (inciso IV: remissão);

d) quando reste precluso o direito do Fisco de lançar ou de cobrar o crédito judicialmente (inciso V: decadência e prescrição).

Estando prevista, no CTN, a remissão como modo de extinção do créditot ributário, o STF tem entendido que, quem pode o mais (conceder remissão), pode o menos (e.g., aceitar formas alternativas de pagamento), admitindo, pois, que os entes políticos estabeleçam, por lei ordinária, outros modos de extinção do crédito tributário.[50]

Concentremo-nos, de qualquer modo, nas hipófises mais correntes previstas na lei de normas gerais (o CTN).

O *pagamento*, por certo, é o modo mais comum de extinção do crédito tributário. Mas já ocorreram falhas no sistema da Receita que implicaram o não-reconhecimento de pagamentos que haviam sido, de fato, realizados. Constavam, em aberto, créditos que, em verdade, já tinham sido satisfeitos. Por vezes, tal pode decorrer também como decorrência do preenchimento equivocado de alguma guia de pagamento, de modo que o sistema informatizado não o impute corretamente ao tributo e à competência a que corresponda. Neste caso, terá o contribuinte de demonstrar o pagamento e retificar eventuais equívocos formais da documentação. Deverá fazê-lo administrativamente

---

[50] "I – Extinção de crédito tributário criação de nova modalidade (dação em pagamento) por lei estadual: possibilidade do Estado-membro estabelecer regras específicas de quitação de seus próprios créditos tributários. Alteração do entendimento firmado na ADInMC 1917-DF, 18.12.98, Marco Aurélio, DJ 19.09.2003: conseqüente ausência de plausibilidade da alegação de ofensa ao art. 146, III, b, da Constituição Federal, que reserva à lei complementar o estabelecimento de normas gerais reguladoras dos modos de extinção e suspensão da exigibilidade de crédito tributário." (STF, Plenário, ADIMC 2.405, rel. Min. Carlos Britto, nov/02)

para que o Fisco corrija as informações no sistema e expeça a Certidão Negativa pretendida, sem a necessidade de ajuizamento de ação judicial.

A *compensação* já foi tratada ao cuidarmos da invocação de declaração do contribuinte, de modo que remetemos o leitor a tal item anterior.

Por vezes, figuram créditos tributários já decaídos nas Certidões Positivas de Débitos ou nos Relatórios de Pendências a elas equivalentes. Por certo que o indeferimento da Certidão Negativa, nestes casos, será ilegal.

A questão tem de ser analisada com cuidado, pois, embora as regras sejam poucas, sua aplicação exige compreensão adequada dos diversos modos de formalização do crédito tributário.

Há dois dispositivos do CTN que cuidam da *decadência* do direito do Fisco de constituir o crédito tributário: o art. 150, § 4º, e o art. 173. Ambos estabelecem prazo de cinco anos, variando apenas o *"termo a quo"*.[51] A apresentação de declaração pelo contribuinte, contudo, estabelece uma exceção a tais regras relativamente aos valores declarados como devidos.

O art. 150, § 4º, traz regra específica para os casos sujeitos a lançamento por homologação, em que o contribuinte tem a obrigação de, ele próprio, apurar que o fato gerador ocorreu, calcular o montante devido e efetuar o pagamento, sujeitando-se à fiscalização posterior. Efetuado o pagamento tempestivo, o Fisco tem cinco anos, contados da ocorrência do fato gerador, para verificar a exatidão do pagamento para, na hipótese de o contribuinte ter calculado e pago montante inferior ao devido, promover o lançamento de ofício da diferença ainda devida.

---

[51] O Art. 45 da Lei 8.212/91, que estabelecia prazo de 10 anos para as contribuições de seguridade social, foi declarado inconstitucional pelo STF, posição consolidada na Súmula Vinculante nº 8, de junho de 2008. RE 559.882-9.

O segundo, art. 173, em seu inciso I, traz uma regra geral de decadência para o lançamento de ofício: prazo de cinco anos contados do primeiro dia do exercício seguinte aquele em que o lançamento poderia ter sido efetuado, assim considerado:

a) para os tributos sujeitos a lançamento por homologação, o exercício seguinte ao do vencimento do tributo sem qualquer pagamento por parte do contribuinte;[52]

b) para os tributos sujeitos ao lançamento de ofício, o exercício seguinte ao da ocorrência do fato gerador; e

c) para os tributos sujeitos a lançamento mediante declaração, do decurso do prazo para a apresentação da declaração pelo contribuinte.

Quando o contribuinte mesmo formaliza a existência do crédito tributário através de declaração ou de confissão de dívida, ou mesmo de depósito, torna desnecessário o lançamento dos respectivos montantes, de modo que não se fala mais em decadência, salvo no que diz respeito a eventuais diferenças não-declaradas, confessadas ou depositadas que o Fisco possa vir a apurar. A formalização do crédito tributário pelo contribuinte após o decurso do prazo de decadência do Fisco é inócua, pois a decadência extingue o próprio crédito tributário, nos termos do art. 156, V, do CTN.

Quando, efetuado o lançamento, restar posteriormente anulado em razão de algum vício formal (problemas na indicação do contribuinte e dos responsáveis, da quantia devida e da maneira de calcular os juros moratórios, na identificação do tributo e das competências, na autentica-

---

[52] O STJ chegou a manter posição no sentido de que o prazo de cinco anos para o lançamento de ofício, no caso dos tributos sujeitos a lançamento por homologação em que não tivesse ocorrido pagamento, seria contado a partir do decurso do prazo que o Fisco teria para homologação do pagamento inexistente. Assim, contando o prazo do art. 173, I, apenas após o decurso do praz do art. 150, § 4º, chegava num prazo de 5 + 5 anos = 10 anos. Tal posição, contudo, decorria de uma análise equivocada do CTN, implicando, ademais, a inexplicável aplicação cumulativa da regra geral com a regra especial.

Manual das Certidões Negativas de Débito

ção e na intimação do devedor), terá o Fisco a reabertura do prazo decadencial para proceder a novo lançamento do mesmo crédito. É o que dispõe o art. 173, II, do CTN ao dizer da contagem do prazo de cinco anos "da data em que se tornar definitiva a decisão que houver anulado, por vício formal, lançamento anteriormente efetuado". É relevante, pois, que reste claro, das decisões administrativas e judiciais anulatórias de lançamento, se o fazem por vício formal ou por vício material. A anulação por vício material não reabre qualquer prazo, de modo que, muitas vezes, já decorrido prazo decadencial, não mais poderá ser lançado o crédito.

Também a presença de créditos tributários prescritos pode ser causa de ilegal indeferimento de Certidão Negativa de Débitos. É que a prescrição, em matéria tributária, é causa de extinção do crédito (art. 156, V, do CTN).

A *prescrição* é matéria de normas gerais de Direito Tributário sob reserva de lei complementar desde a CF/67, atualmente por força do art. 146, III, *b*, da CF/88. Desse modo, não pode o legislador ordinário dispor sobre a matéria, estabelecendo prazos, hipóteses de suspensão e de interrupção da prescrição, sob pena de inconstitucionalidade. Válido é o regime estabelecido pelo Código Tributário Nacional, recepcionado como lei complementar. Tal, aliás, resta absolutamente pacificado, conforme se vê da Súmula Vinculante nº 8 do STF, que declarou a inconstitucionalidade de legislação ordinária que estabelecera prazos prescricionais mais alargados e nova hipótese de suspensão da mesma: "São inconstitucionais o parágrafo único do artigo 5º do Decreto-lei 1569/77 e os artigos 45 e 46 da Lei 8.212/91, que tratam de prescrição e decadência de crédito tributário." Dec. de 11 e 12/06/2008.

O art. 174 do CTN disciplina a prescrição para a cobrança do crédito tributário, que é feita pelo Fisco através de Execução Fiscal. O prazo é de cinco anos para todos os tributos, contados da constituição definitiva do crédito tributário. Enquanto espécie tributária que são, as contribuições também se submetem ao prazo prescricional qüinqüenal estabelecido pelo art. 174 do CTN.

Quanto aos valores declarados ou confessados, considera-se definitivamente formalizado o crédito tributário no momento mesmo da apresentação da declaração, daí correndo o prazo prescricional.

No que diz respeito à formalização do crédito tributário pelo lançamento, considerar-se-á definitivo quando do esgotamento dos prazos para impugnação ou recurso, ou quando da intimação da decisão definitiva.[53] Assim, considerar-se-á definitivamente constituído o crédito tributário ao final do processo administrativo fiscal.

Quanto às contribuições apuradas em liquidação trabalhista, restará definitiva a formalização dos respectivos créditos tributários quando restar preclusa, para o contribuinte e para o Fisco, a decisão que homologar os respectivos valores.

A *suspensão do prazo prescricional* ocorre por força da própria suspensão da exigibilidade do crédito tributário, nas hipóteses do art. 151 do CTN: moratória, depósito do montante integral, impugnação e recurso administrativo, liminar em mandado de segurança, liminar ou antecipação de tutela em outras ações, parcelamento. Isso porque, suspensa a exigibilidade, resta afastado um dos requisitos para a execução, que pressupõe título certo, líquido e exigível. Não há outras causas suspensivas da exigibilidade que não estas decorrentes diretamente do CTN, sendo inconstitucionais as leis ordinárias que estabeleceram hipóteses

---

[53] Dec. 70.235/72: "Art. 42. São definitivas as decisões: I – de primeira instância esgotado o prazo para recurso voluntário sem que este tenha sido interposto; II – de segunda instância de que não caiba recurso ou, se cabível, quando decorrido o prazo sem sua interposição; III – de instância especial. Parágrafo único. Serão também definitivas as decisões de primeira instância na parte que não for objeto de recurso voluntário ou não estiver sujeita a recurso de ofício."

Manual das Certidões Negativas de Débito

diversas, pois invadiram a reserva de lei complementar constante do art. 146, III, *b*, da CF.[54]

A *interrupção do prazo prescricional* dá-se nas hipóteses do art. 174, parágrafo único, do CTN.

Da leitura dos seus incisos, vê-se que não basta o Fisco ajuizar a Execução Fiscal no prazo qüinqüenal: tem de obter o "despacho do juiz que ordena a citação", este sim causa interruptiva do prazo (art. 174, parágrafo único, inciso I, com a redação da LC 118/05). Mas antes mesmo da Execução Fiscal pode ser interrompido o prazo prescricional. O art. 174, parágrafo único, inciso II, do CTN estabelece, como causa interruptiva, o protesto judicial promovido pelo Fisco, o que se dá nos termos do art. 867 do CPC. O protesto de CDA em cartório, além de descabido, pois absolutamente desnecessário para que se configure a mora do devedor e para que se possa proceder à execução, não tem efeito interruptivo do prazo prescricional, pois não previsto no parágrafo único do art. 174. Já o inciso III do mesmo parágrafo estabelece, como causa interruptiva "qualquer ato inequívoco que importe em reconhecimento do débito pelo devedor", como as confissões de débito pelo contribuinte e o oferecimento de caução em garantia através de ação cautelar. Note-se que a interrupção do prazo prescricional deve dar-se durante o qüinqüênio, sob pena de se consumação da prescrição.

Pode ocorrer, ainda, a chamada *prescrição intercorrente*, qual seja, a que ocorre no curso da Execução Fiscal quando, interrompido o prazo prescricional pelo despacho do Juiz que determina a citação, se verificar a inércia do Fisco Exeqüente, dando ensejo ao reinício do prazo qüinqüenal. O art. 40 da LEF estabelece que, não encontrado o devedor ou bens, haverá a suspensão do processo por um ano. Tal prazo é para que o Fisco exeqüente realize diligências ad-

---

[54] Vide, infra, o item relativo às leis complementares. Art. 5º do DL 1.569/77, STF RE 559.882-9. Arts. 2º, § 3º, e 8º, § 2º, da Lei 6.830/80, STJ, REsp 708.227 e TRF4, AC 2000.04.01.071264-1.

ministrativas para localizar o devedor e bens, conforme o caso. Durante tal suspensão, pois, se presume que o Exeqüente esteja diligente, de modo que o reinício do prazo prescricional só ocorre após o decurso do ano de suspensão, caso o Fisco permaneça inerte. Assim, nos autos, transcorrerão seis anos, desde a suspensão, para que se possa considerar ocorrida prescrição intercorrente. Neste sentido, foi editada a Súmula 314 do STJ: "Em execução fiscal, não localizados bens penhoráveis, suspende-se o processo por um ano, findo o qual inicia-se o prazo da prescrição qüinqüenal intercorrente".

Em suma, sendo válido e eficaz o lançamento e estando o débito ainda em aberto, sem que lhe tenha atingido nenhuma causa de extinção, não caberá a expedição de Certidão Negativa de Débitos, podendo o Fisco expedir Certidão Positiva pura e simplesmente ou Certidão Positiva com Efeitos de Negativa, esta nas hipóteses do art. 206 do CTN (débito não vencido, com a exigibilidade suspensa ou garantido por penhora, conforme abordamos quando expusemos as espécies de certidão de situação fiscal).

3.2.6. Débitos de terceiros

Por vezes, os pedidos de CND são negados mediante invocação de débitos de terceiros, ou melhor, de débitos cujos contribuintes sejam terceiros.

Deve-se analisar, com cuidado, cada situação.

Conforme já destacamos em capítulo inicial desta obra, deve-se observar a pessoalidade da situação fiscal. Ou seja, cada contribuinte, pessoa física ou jurídica, com CPF ou CNPJ próprios, tem direito a que seja certificada sua específica situação fiscal, a qual não pode ser confundida com a situação fiscal de terceiros. Remetemos o leitor ao referido capítulo, em que abordamos a questão.

De qualquer modo, se é descabida a simples invocação de débitos de terceiros pelo Fisco, há casos em que

Manual das Certidões Negativas de Débito

tais débitos passam a ser débitos próprios. São os casos da substituição e de responsabilidade tributária, quando devidamente apurados.

Na hipótese de *substituição tributária*, temos o surgimento da obrigação diretamente para o substituto. Ainda que tenha a obrigação de reter e recolher tributo em lugar do contribuinte, é para o substituto que nasce diretamente a obrigação, em primeiro plano, sendo ele devedor, portanto, de tal montante. De qualquer modo, a certificação de tal débito pressupõe, como qualquer outro, sua devida apuração perante o substituto ou declaração por parte deste, de modo que, formalizado, possa ser certificado pela autoridade.

Na hipótese de *responsabilidade tributária stricto sensu*, em que, para a eventualidade do inadimplemento do contribuinte, a lei prevê que outrem possa ser chamado ao pagamento, também temos de distinguir duas situações.

Se a responsabilidade tributária do requerente da certidão já tiver sido devidamente apurada em procedimento administrativo, com notificação ao responsável e oportunização de defesa, a princípio não haverá irregularidade. Isso porque, uma vez apurada a responsabilidade, o responsável também passa à condição de devedor, o que, estando formalizado, pode ser certificado.

Ocorre que, normalmente, há simplesmente o lançamento contra o contribuinte e a inclusão automática do nome de presuntos responsáveis, sem que o pressuposto de fato da responsabilidade tenha sequer sido apurado.

Cabe aqui, destacar que o responsável tributário não é simplesmente mais um sujeito passivo da relação contributiva, mas, diferentemente disso, sujeito passivo de uma relação jurídica de responsabilidade tributária que tem seu pressuposto de fato próprio. Efetivamente, quando da responsabilização dos sócios gerentes, por exemplo, hipótese de que trata o art. 135, III, do CTN,[55] é indispensável a verificação da efetiva ocorrência de violação à lei, ao contrato social ou aos estatutos, sendo certo que não basta o simples inadimplemento pela pessoa jurídica, exigindo-se ilícito que vá além do risco normal do negócio, como é o caso da apropriação indébita.

Ainda que a jurisprudência recém esteja evoluindo para exigir a devida apuração da responsabilidade, alguns passos já foram dados, não se admitindo o indeferimento da Certidão Negativa de Débitos ao sócio enquanto, pelo menos, na falta de outros elementos, não constar o seu nome da Certidão de Dívida Ativa ou não tiver sido redirecionada a execução contra ele:

> PROCESSUAL CIVIL E TRIBUTÁRIO – PESSOA JURÍDICA EM DÉBITO COM O FISCO – CANCELAMENTO DA INSCRIÇÃO ESTADUAL – NÃO-FORNECIMENTO DE CERTIDÃO NEGATIVA DE DÉBITO AO SÓCIO – OFENSA AOS ARTS. 131, 458, II E 535 DO CPC.
> 1. Inexiste ofensa aos arts. 131, 458, II e 535 do CPC se o Tribunal analisou suficientemente a questão tida por omissa.
> 2. A jurisprudência do STJ pacificou-se no sentido da possibilidade de redirecionamento da execução fiscal ao sócio-gerente quando se trata de dissolução irregular da empresa.
> 3. A pessoa jurídica não se confunde com a pessoa física do sócio.
> Se o sócio figura como co-responsável na CDA ou responde judicialmente pelo débito da empresa em razão do redirecionamento da execução fiscal, é que não se pode conceder certidão negativa de débito.
> 4. Recurso especial não provido.
> (REsp 875.300/MG, Rel. Ministra ELIANA CALMON, SEGUNDA TURMA, julgado em 02/09/2008, DJe 10/10/2008)

Caso interessante, ainda, é o relativo ao adquirente ou arrematante de bens.

Quanto ao adquirente, a certidão negativa cumpre um papel desonerador. A responsabilidade por sucessão

---

[55] CTN: Art. 135. São pessoalmente responsáveis pelos créditos correspondentes a obrigações tributárias resultantes de atos praticados com excesso de poderes ou infração de lei, contrato social ou estatutos: (...) III – os diretores, gerentes ou representantes de pessoas jurídicas de direito privado.

do adquirente de bem imóvel pelos impostos, taxas e contribuições de melhoria relativos ao mesmo, por exemplo, resta afastada quando conste da escritura "a prova de sua quitação", nos termos do art. 130 do CTN.[56] O documento expedido pelo Fisco, contudo, não é propriamente uma prova de quitação, mas uma certidão negativa de débitos, que ressalva a apuração de outros créditos tributários. De qualquer modo, como se trata de tributos lançados de ofício, dificilmente haverá qualquer débito além dos verificados. E ainda que houver, a referência à certidão negativa atualizada na escritura impede a responsabilização do adquirente. Assim, posteriormente, se o adquirente vier a requerer certidão negativa em seu nome, não poderão constar débitos que não sejam da sua responsabilidade, ou seja, débitos de terceiro, o antigo proprietário.

O mesmo deve-se dizer no caso da arrematação em hasta pública, com a peculiaridade de que os créditos tributários, neste caso, subrogam-se sobre o respectivo preço, nos termos do art. 130, parágrafo único, do CTN.[57] Assim, o adquirente não é responsável pelos tributos que oneram o bem até a data da realização da hasta, de modo que tem ele direito à expedição de certidão negativa, conforme o precedente que segue:

> ARREMATAÇÃO DE IMÓVEL. HASTA PÚBLICA. MANDADO DE SEGURANÇA. VIOLAÇÃO AO ART. 130, PARÁGRAFO ÚNICO DO CTN. RESPONSABILIDADE TRIBUTÁRIA. ÔNUS RELATIVOS AO IPTU E À TLP. SUB-ROGAÇÃO DOS DÉBITOS SOBRE O RESPECTIVO PREÇO. PRECEDENTES. 1. Nos termos do parágrafo único do art. 130 do CTN, os créditos relativos a impostos cujo fato gerador seja a propriedade, sub-rogam-se sobre o respetivo preço quando arrematados em hasta pública, não sendo o adquirente responsável pelos tributos que

---

[56] CTN: Art. 130. Os créditos tributários relativos a impostos cujo fato gerador seja a propriedade, o domínio útil ou a posse de bens imóveis, e bem assim os relativos a taxas pela prestação de serviços referentes a tais bens, ou a contribuições de melhoria, subrogam-se na pessoa dos respectivos adquirentes, salvo quando conste do título a prova de sua quitação. Parágrafo único (...)

[57] CTN: Art. 130 (...) Parágrafo único. No caso de arrematação em hasta pública, a sub-rogação ocorre sobre o respectivo preço.

oneraram o bem até a data da realização da hasta. Nesse sentido é a jurisprudência desta Corte. 2. A hipótese dos autos se subsume ao entendimento esposado, sendo direito do adquirente receber o imóvel livre de ônus tributários, razão pela qual é de se determinar a concessão da segurança pleiteada pela recorrente para que seja expedida a certidão negativa de débitos tributários referentes, tão-somente, ao IPTU e à TLP, anteriores à data da arrematação em 14 de novembro de 2003, bem como o registro da carta de arrematação no cartório de registro de imóveis competente. (STJ, 2ª T., REsp 909.254/DF, Rel. Ministro MAURO CAMPBELL MARQUES, out/08)

4. Instrumentos processuais

4.1. O mandado de segurança em matéria tributária

O mandado de segurança tem ampla aplicação em matéria tributária. É utilizado sempre que o contribuinte se sente ameaçado por uma imposição tributária indevida e não se faça necessária dilação probatória. Também é muito utilizado, e.g., para a solução de problemas relacionados a certidões negativas de débitos quando o contribuinte se sinta lesado seja pela omissão do Fisco, que deixe escoar o prazo de 10 dias para a expedição de certidão sem disponibilizá-la, seja pela sua ação, quando o Fisco expeça Certidão Positiva em situações relativamente às quais o contribuinte teria direito à Certidão Negativa ou à Certidão Positiva com Efeitos de Negativa.

Efetivamente, o instrumento processual adequado para a proteção do direito líquido e certo do contribuinte à certidão de situação fiscal é o Mandado de Segurança e não o *Habeas Data*.

João Dácio Rolim e Alessandro Mendes Cardoso distinguem:

> (...) entendemos que o hábeas data não seja o instrumento processual adequado à garantia do direito de certidão. O referido remédio constitucional encontra-se vinculado ao direito fundamental do cidadão de

obter dos órgãos públicos informações relativas à sua pessoa. Ou seja, de informações que se refiram a dados pessoais concernentes à sua condição de cidadão, visando, exatamente além do seu conhecimento, a possibilidade de se requerer a retificação de dados, quando considerados equivocados (...)

O objetivo aqui é a possibilidade em si do controle da forma e conteúdo das informações condizentes à pessoa em si do cidadão, que o Estado ou entidades de caráter público inserem em registros ou banco de dados.

Já o direito de certidão visa não o controle do teor das informações de caráter pessoal do cidadão detidas pelo Estado, e sim garantir a obtenção de documentos que atestem determinada situação (como, por exemplo, a regularidade fiscal), necessária para a defesa de direito ou esclarecimento de determinada situação.

Estas características do direito de certidão levam à sua vinculação ao mandado de segurança como meio de garantia de sua efetivação.[58]

Vale destacar, ainda, o que afirmam Ives Gandra da Silva Martins e Marilene Talarico Martins Rodrigues:

Em caso de ser negada a expedição da certidão negativa ou certidão positiva, sem apontar os débitos que impediriam a expedição de certidão negativa, que é um direito assegurado pela Constituição, o instrumento processual mais adequado para o caso seria o mandado de segurança, para proteger direito líquido e certo como assegurado pelo inciso LXIX do art. 5º da CF (...). Ora, o contribuinte tem direito assegurado pela Constituição de obter certidão para defesa de direitos e esclarecimento de situações de interesse pessoal, que se traduz no direito líquido e certo de obter certidão negativa ou positiva com efeitos de negativa, em que deverão conter todos os esclarecimentos de situações de interesse pessoal, não podendo ser negado ou de alguma forma ameaçado este direito pela autoridade administrativa.[59]

As grandes vantagens do mandado de segurança são o rito célere (pequeno prazo para o oferecimento de informações, vista ao Ministério Público e imediata conclusão

---

[58] ROLIM, João Dácio; CARDOSO, Alessandro Mendes. In: MACHADO, Hugo de Brito (coord). Op. cit., p. 462/463.

[59] MARTINS, Ives Gandra da Silva; RODRIGES, Marilene Talarico Martins. In: MACHADO, Hugo de Brito (coord). Op. cit., p. 411

para sentença) e a não-condenação em ônus sucumben-
ciais.

Há três modalidades de mandado de segurança em matéria tributária:

1) o preventivo, que, antes mesmo da formalização do crédito tributário, ataca a obrigação tributária prevenindo o contribuinte contra exigência do Fisco que tenha por base a inconstitucionalidade da lei que o agente fiscal está obrigado a cumprir, a ilegalidade de decreto e de outros atos normativos infralegais que igualmente o vinculam,[60] praxe reiterada do Fisco que ofenda os direitos do contribuinte ou, ainda, resposta a consulta em sentido que o contribuinte entende ilegal,[61] não estando, tal modalidade preventiva, sujeita ao prazo decadencial do mandado de segurança;

2) o que é impetrado contra o lançamento ou outro ato concreto do Fisco, como o indeferimento de Certidão Negativa de Débitos ou a expedição de Certidão Positiva quando deveria expedir Certidão Negativa ou Positiva com Efeitos de Negativa, sujeitando-se ao prazo decadencial de 120 dias contado do ato atacado;[62]

3) o que visa à compensação, admitido pela Súmula 213 do STJ e com a tutela liminar vedada pela Súmula 212 do STJ, que, de um lado, busca o reconhecimento de indébito tributário e do direito ao seu ressarcimento, sujeitando-se quanto a isso ao prazo decadencial do art. 168 do CTN, e, de outro lado, busca tutela preventiva quanto à possibilidade de satisfação de tal direito mediante compensação com tributos devidos.

O rito especial do mandado de segurança, contudo, não se presta para discussões que exijam dilação probatória, nos termos da Lei 1.533/51.

---

[60] STJ, REsp. 91.538.

[61] STJ, REsp 615.335.

[62] Lei 1.533/51: Art. 18 – O direito de requerer mandado de segurança extinguir-se-á decorridos cento e vinte dias contados da ciência, pela interessado, do ato impugnado.

Manual das Certidões Negativas de Débito

A autoridade coatora, tratando-se de mandado de segurança relativo a Certidões Negativas de Débito relativa a tributos administrados pela Receita Federal do Brasil, será o Delegado da Receita Federal do Brasil da Delegacia competente competente para a expedição. Tratando-se de mandado de segurança especificamente relacionado à Certidão Negativa de Dívida Ativa, terá como autoridade coatora o Procurador-Chefe da unidade da Procuradoria da Fazenda Nacional competente para certificar a situação do contribuinte.

Veja-se, quanto ao ponto, André Felipe de Barros Cordeiro:

> Para efeito de expedição de certidão, o Procurador-Chefe da Procuradoria da Fazenda Nacional e o Delegado da Receita Federal do Brasil devem ser necessariamente elencados como autoridades impetradas, na hipótese simultânea de existência de débitos federais perante a União, inscritos e não inscritos. (...) Vale frisar que a especialidade de funções da Receita Federal do Brasil e da Procuradoria da Fazenda Nacional se perfaz de modo autônomo e peculiar, sem a interpolação de atribuições, de modo a inexistir hierarquia entre um e outro órgão. Corolário disso, revela-se a impossibilidade jurídica de encampação dos atos privativos entre si (...) em casos nos quais se pede, concomitantemente à certidão de débitos, a extinção da relação jurídico-tributária, com o conseqüente cancelamento da inscrição, o Procurador-Chefe da Fazenda Nacional legítimo a figurar como autoridade impetrada é aquele que exerça a aludida função de chefia na unidade da PFN que haja lavrado a inscrição em dívida ativa. (...) *Mutatis mutantis*, o lançamento impugnado deve ser questionado em face do Delegado da Receita Federal que atue na repartição da Receita Federal do Brasil que haja lavrado o lançamento ou, ainda, nos casos rotineiros de constituição do crédito pelo contribuinte (rectius: lançamento por homologação), em face da autoridade fazendária com sede funcional em seu domicílio fiscal. Nesse ponto, vale ainda ressaltar que mera alteração de domicílio fiscal não transmuda a competência administrativa da unidade da SRFB/PFN para reexame de créditos tributários lançados/inscritos." (CORDEIRO, André Felipe de Barros. Dificuldades no Manejo do Mandado de Segurança para a Obtenção de Certidão Conjunta de Débitos Federais. *RDDT nº 144*, set/07, p. 7)

Entendemos que a possibilidade de expedição de certidão conjunta depende da plena regularidade do contribuinte. Havendo impedimentos, devem ser solucionados com o órgão junto ao qual é apontada a pendência, seja a RFB ou a PFN, impetrando-se, se for o caso, dois mandados de segurança, um contra cada autoridade, buscando a expedição da certidão de sua competência.

A sentença, no mandado de segurança preventivo, além da eficácia mandamental, tem marcante eficácia declaratória, fazendo coisa julgada também quanto a esta.

4.2. Mandado de segurança contra a não-expedição de certidão

A não-expedição de certidão quanto à situação fiscal do contribuinte no prazo de 10 dias contados do protocolo do requerimento configura ilegalidade por violação ao art. 205, parágrafo único, do CTN.

Dá ensejo, assim, à impetração de mandado de segurança com vista a corrigir a lesão a direito do contribuinte de certificação da sua situação fiscal.

Este mandado de segurança deverá ter sua inicial instruída com cópia do requerimento de certidão (não há oportunidade para juntada posterior de documentos).

Ademais, estará sujeito ao prazo decadencial de 120 dias de que trata o art. 18 da Lei 1.533/51, contados do vencimento do prazo de 10 dias para expedição.

Como a insurgência é contra a omissão do Fisco, não dispondo o contribuinte de um relatório de pendências emitido pelo Fisco ou de uma Certidão Positiva de Débitos que permita analisar eventuais óbices para a expedição de Certidão Negativa de Débitos ou de Certidão Positiva de Débitos com Efeitos de Negativa, o pedido terá de ser ge-

Manual das Certidões Negativas de Débito

nérico para que seja expedida certidão que dê conta da sua situação fiscal, seja qual for.

Não tem o Magistrado, no caso, efetivamente, elementos para verificar a situação do contribuinte e determinar a expedição de tal ou qual espécie de certidão. Mas pode reconhecer, com facilidade, que o direito à certificação da situação fiscal está sendo violado e dar tutela neste limite.

4.3. Mandado de segurança contra a expedição de Certidão Positiva de Débitos

A insurgência do contribuinte contra a expedição de Certidão Positiva de Débitos poderá ser veiculada judicialmente através de Mandado de Segurança impetrado dentro dos 120 dias imediatamente posteriores à expedição da certidão, cumprindo-se, assim, o art. 18 da Lei 1.533/51.

A inicial, necessariamente, terá de estar instruída com a Certidão Positiva de Débitos combatida ou com o relatório de pendências equivalente.

Se a Certidão apontar créditos devidamente formalizados, seja por declaração do contribuinte, por lançamento ou ainda por decisão nos autos trabalhistas que indique o montante devido a título de contribuições previdenciárias devidas por força da condenação na reclamatória, não haverá qualquer ilegalidade a ser corrigida. É claro que tais créditos deverão estar vencidos e em aberto, não estando com sua exigibilidade suspensa nem tendo sido extintos, pois, do contrário, a certidão apropriada não seria a simplesmente Positiva, para a Certidão Positiva de Débitos com Efeitos de Negativa.

Caberá à Impetrante que pretende obter Certidão Negativa de Débitos ou Certidão Positiva de Débitos com Efeitos de Negativa demonstrar que as pendências apontadas pelo Fisco na Certidão Positiva de Débitos em verdade não correspondem a créditos tributários devidamente formalizados e certificáveis, que efetivamente deem conta da ocorrência de fatos geradores e dos montantes devidos, ou que estão eles amparados por uma das hipóteses do art. 206 do CTN. Terá a Impetrante, pois, de realizar as análises de que tratamos quando da abordagem das espécies de certidões e das razões invocadas para o indeferimento das certidões de regularidade nos capítulos anteriores.

O pedido será específico. Conforme seja o entendimento e a pretensão do contribuinte, pedira que seja determinada a expedição de Certidão Negativa de Débitos ou de Certidão Positiva de Débitos com Efeitos de Negativa.

Sempre cabe ao Magistrado, contudo, ter absoluta cautela. Na hipótese de se convencer de que a Impetrante tem razão, ainda assim não deverá determinar propriamente a expedição de Certidão Negativa, mas, sim, que as pendências anteriormente apontadas na Certidão Positiva e que tenham sido censuradas por não corresponderem efetivamente a créditos tributários certificáveis não sejam mais consideradas óbice à certificação da regularidade fiscal da Impetrante, ou, em outras palavras, que determine à autoridade coatora que não deixe de expedir Certidão Negativa de Débitos em função das pendências analisadas e que não foram consideradas causa suficiente para a certificação positiva.

Com isso, impede-se a expedição de Certidão Negativa futura quando, eventualmente, podem ter surgido novas razões que possam dar sustentação para a expedição de Certidão Positiva com Efeitos de Negativa ou mesmo de simples Certidão Positiva.

É que o Mandado de Segurança não se prestará para uma única certificação, mas para determinar ao Fisco que considere determinada informação de tal ou qual modo quando das certificações que venham a ser requeridas pelo contribuinte. Isso porque as certidões são expedidas com

Manual das Certidões Negativas de Débito

prazo de validade e tem de ser periodicamente substituídas por novas certidões pelas empresas para que possam continuar exercendo suas atividades. O mandado de segurança fará coisa julgada, não podendo, o Fisco, a cada certificação futura, invocar os mesmos óbices já afastados pelo Judiciário.

Antes de concluir, é importante deixar inequívoco que a expedição de Certidão Negativa de Débitos ou de Certidão Positiva com Efeitos de Negativa por força de liminar não implica, de modo algum, perda de objeto da ação. O decurso do prazo de validade da certidão, por sua vez, também não tem esse efeito. Fosse a certidão pretendida expedida espontaneamente pela autoridade, antes do deferimento da liminar ou mesmo quando indeferida a liminar, aí sim, revelando-se a ausência de litígio não teria por que persistir a lide e a ação perderia o objeto. Mas, expedida a certidão em cumprimento à decisão judicial, impõe-se que a ação prossiga até final julgamento. Aliás, ambas as Turmas da 1ª Seção do STJ têm acórdãos dizendo da necessidade do julgamento de mérito, mesmo após expirado o prazo de validade da CND:

> MANDADO DE SEGURANÇA. CERTIDÃO NEGATIVA DE DÉBITO. PRAZO DE VALIDADE EXPIRADO. 1. O mandamus não perde o objeto por ter-se esgotado o prazo de validade da Certidão Negativa de Débito. (STJ, 2ª T., REsp 441.604/PR, Rel. Ministro CASTRO MEIRA, out/05)

> MANDADO DE SEGURANÇA – CND – LIMINAR – PRAZO DE VALIDADE EXPIRADO – PERDA DE OBJETO – IMPOSSIBILIDADE – PRECEDENTE DA EG. 1ª SEÇÃO. – A ação proposta não perde o objeto pelo fato de haver expirado o prazo de validade da CND, persistindo o interesse processual. – A jurisdição não se esgota antes do trânsito em julgado da sentença de mérito, tendo o recorrente o direito de obter pronunciamento definitivo sobre a questão de direito objeto da lide. – Entendimento da eg. 1ª Seção. (STJ, 2ª T., REsp 263.793/RS, Min. Francisco Peçanha Martins, out/02)

> CERTIDÃO NEGATIVA DE DÉBITO – DECURSO DO PRAZO DE VALIDADE – MANDADO DE SEGURANÇA – PERDA DO OBJETO. O decurso do prazo de validade da Certidão Negativa de Débito, expedida

por força de liminar, não acarreta a perda do objeto do mandado de segurança. Permanece o interesse do INSS em ver decidida a questão de mérito, pois, caso seja denegada a segurança, teria a autarquia direito a perdas e danos ou de pleitear a anulação dos atos praticados com base na certidão. (STJ, 1ª T., REsp 248.861/SC, Min. Garcia Vieira, mai/00)

4.4. Ação Cautelar de Caução como antecipação de penhora

As situações que dão direito à expedição de Certidão Positiva de Débitos com Efeitos de Negativa são as arroladas no art. 206 do CTN, conforme já destacado em capítulo anterior.

Uma delas é a penhora em Execução Fiscal, garantidora da satisfação do crédito.

Ocorre que, por vezes, o contribuinte dispõe de bens para garantir o crédito, mas a Execução Fiscal ainda não foi ajuizada pelo Fisco, inviabilizando-se o oferecimento à penhora nos autos da Execução.

Nestes casos, tem-se admitido o oferecimento de bens em garantia em Ação Cautelar, como antecipação da penhora própria da execução fiscal.[63] Veja-se o entendimento pacífico do STJ:

PROCESSUAL CIVIL – EMBARGOS DE DECLARAÇÃO – ERRO MATERIAL – GARANTIA REAL – DÉBITO VENCIDO MAS NÃO EXECUTADO – PRETENSÃO DE OBTER CERTIDÃO POSITIVA COM EFEITO DE NEGATIVA (ART. 206 DO CTN). 1. Corrige-se evidenciado erro material para fazer constar que o caso examinado pelo aresto ora embargado versa sobre prestação de garantia real na forma de caução. 2. É possível ao contribuinte, após o vencimento da sua obrigação e

---

[63] Contra a possibilidade de oferecimento de bens pelo contribuinte em Ação Cautelar para fins de obtenção de certidão de regularidade, vide: FERRAZ, Taís Schilling. O Contribuinte e o Direito à Execução Fiscal: A Caução de Bens como Pressuposto à Certificação da Regularidade Fiscal. In: VAZ, Paulo Afonso Brum; PAULSEN, Leandro (organizadores). Curso Modular de Direito Tributário. Florianópolis: Conceito, 2008.

antes da execução, garantir o juízo de forma antecipada, para o fim de obter certidão positiva com efeito negativo (art. 206 CTN). 3. A caução pode ser obtida por medida cautelar e serve como espécie de antecipação de oferta de garantia, visando futura execução. 4. Caução que não suspende a exigibilidade do crédito. 5. Embargos de declaração acolhidos, com a correção do erro material apontado. (EDcl nos EREsp 815629/RS, Rel. Ministra ELIANA CALMON, PRIMEIRA SEÇÃO, julgado em 13/12/2006, DJ 12/02/2007 p. 240)[64]

CERTIDÃO POSITIVA COM EFEITO DE NEGATIVA – CAUÇÃO – AÇÃO CAUTELAR – POSSIBILIDADE – ARTS. 206 E 151 DO CTN – PRECEDENTES STJ (...) 3. É possível ao devedor, enquanto não promovida a execução fiscal, ajuizar ação cautelar para antecipar a prestação da garantia em juízo com o objetivo de obter a expedição de certidão positiva com efeito de negativa. 4. Precedentes da Primeira Seção e das Turmas de Direito Público. (STJ, 2ª T., REsp 836.789/SC, Rel. Ministra ELIANA CALMON, jun/08)

CAUÇÃO ANTECIPATÓRIA DE PENHORA EM EXECUÇÃO FISCAL. POSSIBILIDADE. FORNECIMENTO DE CERTIDÃO POSITIVA COM EFEITOS DE NEGATIVA. ART. 206 DO CTN. SÚMULA 83/STJ. 1. É lícito ao contribuinte oferecer, antes do ajuizamento da execução fiscal, caução no valor do débito inscrito em dívida ativa com o objetivo de, antecipando a penhora que garantiria o processo de execução, obter certidão positiva com efeitos de negativa. Precedentes. (STJ, 2ª T., REsp 824.674/RS, Rel. Ministro MAURO CAMPBELL MARQUES, ago/08)

Os fundamentos deste entendimento encontram-se também muito bem expostos no REsp 536.037, em que o Min. LUIZ FUX destaca que "A percorrer-se entendimento diverso, o contribuinte que contra si tenha ajuizada ação

---

[64] A ementa transcrita tem sido usada para a fundamentação de novos acórdãos do STJ no mesmo sentido: "PROCESSUAL CIVIL E TRIBUTÁRIO. AGRAVO REGIMENTAL NO RECURSO ESPECIAL. OFERECIMENTO DE CAUÇÃO REAL PARA OBTENÇÃO DE CERTIDÃO POSITIVA COM EFEITOS DE NEGATIVA. ACÓRDÃO RECORRIDO EM CONFORMIDADE COM A JURISPRUDÊNCIA DOMINANTE DO STJ. DESPROVIMENTO DO AGRAVO REGIMENTAL. 1. A Primeira Seção desta Corte, ao julgar os EREsp 815.629/RS (Rel. p/acórdão Min. Eliana Calmon, DJ de 6.11.2006, p. 299), firmou orientação no sentido de que 'é possível ao contribuinte, após o vencimento da sua obrigação e antes da execução, garantir o juízo de forma antecipada, para o fim de obter certidão positiva com efeito negativo (art. 206 CTN)'. 2. Agravo regimental desprovido." (AgRg no REsp 813.156/RS, Rel. Ministra DENISE ARRUDA, PRIMEIRA TURMA, julgado em 05/06/2008, DJe 18/06/2008)

de execução fiscal ostenta condição mais favorável do que aquele contra o qual o Fisco não se voltou judicialmente ainda." Pondera, ainda, que "*Mutatis mutandis* o mecanismo assemelha-se ao previsto no art. 570 do CPC, por força do qual o próprio devedor pode iniciar a execução".

A caução é oferecida através de Ação Cautelar, com a peculiaridade de que a ação principal é a própria Execução Fiscal a ser ajuizada pelo Fisco. Não há, pois, perda da eficácia da medida no caso de não haver ajuizamento da ação para a discussão do débito em trinta dias. Cabe ao Fisco ajuizar a Execução Fiscal, sendo que sua demora corre contra os seus próprios interesses.

Por ser a Ação Cautelar de Caução preparatória da própria Execução fiscal, seu ajuizamento deve dar-se no Juízo competente para a Execução. Vejam-se os precedentes:

MEDIDA CAUTELAR, PERANTE O STJ, VISANDO À PRESTAÇÃO DE CAUÇÃO EM GARANTIA DO JUÍZO, OU, SUCESSIVAMENTE, A SUSPENSÃO DA EXIGIBILIDADE DO CRÉDITO TRIBUTÁRIO, A FIM DE OBTENÇÃO DE CERTIDÃO POSITIVA DE DÉBITOS COM EFEITOS DE NEGATIVA. DESCABIMENTO. 1. A medida cautelar na qual se postula a prestação de caução para garantir o juízo de forma antecipada deve ser proposta perante o juízo competente para a futura ação (principal) de execução fiscal, com a qual guarda relação de acessoriedade e de dependência (CPC, art. 800). O STJ não tem, portanto, competência originária para tal demanda. (STJ, 1ª T., MC 12.431/RS, Rel. Ministro TEORI ALBINO ZAVASCKI, mar/07)

AÇÃO CAUTELAR ANTECIPATÓRIA DE PENHORA (...) JUÍZO COMPETENTE (...) 4 – Essa ação cautelar deve ser proposta no juízo do domicílio do contribuinte, competente para a respectiva execução fiscal, cujos efeitos são antecipados, ainda que ele haja ajuizado anteriormente, em outro foro, ação declaratória ou anulatória do débito tributário, pois a caução não tem por objetivo assegurar o resultado útil desse processo. 5 (...). (TRF4, 1ª T., MC 2003.04.01.042784-4/RS, Des. Fed. Antônio Albino Ramos de Oliveira, out/03)

Note-se que a caução não implica suspensão da exigibilidade do crédito. Pelo contrário, pode e deve o Fisco promover a execução fiscal, quando, então, a caução será convertida em penhora.

Cabe destacar que a caução faz as vezes da penhora, antecipando a garantia do crédito tributário e que, uma vez ajuizada a Execução Fiscal, será convertida em penhora. Assim, já na Ação Cautelar, o oferecimento e a aceitação do bem em caução, bem como eventual pretensão de substituição do bem ou requerimento de reforço da garantia devem seguir os dispositivos da Lei de Execução Fiscal (Lei 6.830/80).

O Magistrado, verificando que o bem tem valor suficiente para garantir a integralidade do crédito tributário apontado como pendente, deve reconhecer à caução os efeitos de penhora para fins de obtenção de Certidão Positiva de Débitos com Efeitos de Negativa, nos termos do art. 206 do CTN. A procedência da Ação Cautelar limitar-se-á a isso.

A eficácia da medida, por sua vez, persistirá até a conversão em penhora na Execução Fiscal ou até a prescrição do crédito tributário.

Quanto à prescrição, aliás, deve advertir-se que o oferecimento da caução implica reconhecimento, pelo contribuinte, de que o montante garantido é exigido pelo Fisco, implicando a interrupção da prescrição (art. 174, parágrafo único, inciso IV, do CTN). O prazo para o ajuizamento da execução, interrompido pela formalização da caução, recomeça por inteiro o seu curso, sendo que, não ajuizada a execução em cinco anos, restará prescrito o crédito tributário.

Prescrito o crédito tributário, a Ação Cautelar perderá qualquer utilidade, pois garantidora de crédito tributário já extinto e que não mais poderá ser cobrado, de modo que deve ser levantado o gravame.

Destaco, por fim, que o oferecimento da caução não impede o contribuinte de questionar judicialmente o crédito tributário. Pode fazê-lo desde logo, em ação autônoma, ou, se preferir aguardar a Execução Fiscal, em embargos à execução.

Referências bibliográficas

BELTRAN, Regina Célia Rivas; SOARES DE FREITAS, Valter Luiz. *Manual Prático de Certidões Negativas*. São Paulo: IOB/THOMSON, 2006.

CASSONE, Vitório; VIANNA, Ligia Scaff. In: MACHADO, Hugo de Brito (coord). *Certidões Negativas e Direitos Fundamentais do Contribuinte*. Fortaleza e São Paulo: Dialética e ICET, 2007.

DE PLÁCIDO E SILVA. *Vocabulário Jurídico*. Vol. I. 11ª ed. São Paulo: Forense, 1961.

DÍEZ-PICAZO, Luiz. *Fundamentos del Derecho Civil Patrimonial*. Vol. II. 6ª ed. Navarra: Thomson/Civitas, 2008.

FERRAZ, Taís Schilling. O Contribuinte e o Direito à Execução Fiscal: A Caução de Bens como Pressuposto à Certificação da Regularidade Fiscal. In: VAZ, Paulo Afonso Brum; PAULSEN, Leandro (orgs.). *Curso Modular de Direito Tributário*. Florianópolis: Conceito, 2008.

FURLAN, Anderson; SAVARIS, José Antonio. In: MACHADO, Hugo de Brito (coord). *Certidões Negativas e Direitos Fundamentais do Contribuinte*. Fortaleza e São Paulo: Dialética e ICET, 2007.

MACHADO, Hugo de Brito (coord). *Certidões Negativas e Direitos Fundamentais do Contribuinte*. Fortaleza e São Paulo: Dialética e ICET, 2007.

——. *A exigência de certidões negativas*, fev/01.

MARTINS, Ives Gandra da Silva; RODRIGES, Marilene Talarico Martins. In: MACHADO, Hugo de Brito (coord). *Certidões Negativas e Direitos Fundamentais do Contribuinte*. Fortaleza e São Paulo: Dialética e ICET, 2007.

MORAES, Alexandre de. *Direito Constitucional*. 16ª ed. São Paulo: Atlas, 2004.

MORAES, Fernando Ferreira. *Direito de Certidão no Direito Constitucional e no Direito Administrativo – o Conflito*. 2ª ed. Florianópolis: OAB/SC, 2008.

MOREIRA, André Mendes. Da Certidão de Débitos Tributários com Efeitos Negativos. Direito do Contribuinte à sua Renovação. Medidas Judiciais Cabíveis. *RDIT* 1/13, jun/04.

NUNES, Pedro. *Dicionário de Tecnologia Jurídica*, 12ª ed., 1990.

PAULSEN, Leandro *et. al*. *Certidões Negativas de Débito*. Porto Alegre: Livraria do Advogado, 1999.

ROLIM, João Dácio; CARDOSO, Alessandro Mendes. In: MACHADO, Hugo de Brito (coord). *Certidões Negativas e Direitos Fundamentais do Contribuinte*. Fortaleza e São Paulo: Dialética e ICET, 2007.

TREVISAN, Rafael. In: PAULSEN, Leandro (org.). *Certidões Negativas de Débito*. Porto Alegre: Livraria do Advogado, 1999.

VOLKWEISS, Roque Joaquim. *Direito Tributário Nacional*. 3ª ed. Porto Alegre: Livraria do Advogado, 2002.

Legislação anexa

CONSTITUIÇÃO FEDERAL

Art. 5º Todos são iguais perante a lei, sem distinção de qualquer natureza, garantindo-se aos brasileiros e aos estrangeiros residentes no País a inviolabilidade do direito à vida, à liberdade, à igualdade, à segurança e à propriedade, nos termos seguintes:

[...]

XXXIV – são a todos assegurados, independentemente do pagamento de taxas: a) ...; b) a obtenção de certidões em repartições públicas, para defesa de direitos e esclarecimento de situações de interesse pessoal;

[...]

Art. 195. A seguridade social será financiada por toda a sociedade, de forma direta e indireta, nos termos da lei, mediante recursos provenientes dos orçamentos da União, dos Estados, do Distrito Federal e dos Municípios, e das seguintes contribuições sociais:

[...]

§ 3º A pessoa jurídica em débito com o sistema da seguridade social, como estabelecido em lei, não poderá contratar com o Poder Público nem dele receber benefícios ou incentivos fiscais ou creditícios.

CÓDIGO TRIBUTÁRIO NACIONAL (LEI Nº 5.172/1966)

Art. 130. Os créditos tributários relativos a impostos cujo fato gerador seja a propriedade, o domínio útil ou a posse de bens imóveis, e bem assim os relativos a taxas pela prestação de serviços referentes a tais bens, ou a con-

Manual das Certidões Negativas de Débito

tribuições de melhoria, subrogam-se na pessoa dos respectivos adquirentes, salvo quando conste do título a prova de sua quitação.

[...]

Art. 191-A. A concessão de recuperação judicial depende da apresentação da prova de quitação de todos os tributos, observado o disposto nos arts. 151, 205 e 206 desta Lei. (Incluído pela LC 118/05)

Art. 192. Nenhuma sentença de julgamento de partilha ou adjudicação será proferida sem prova da quitação de todos os tributos relativos aos bens do espólio, ou às suas rendas.

Art. 193. Salvo quando expressamente autorizado por lei, nenhum departamento da administração pública da União, dos Estados, do Distrito Federal, ou dos Municípios, ou sua autarquia, celebrará contrato ou aceitará proposta em concorrência pública sem que o contratante ou proponente faça prova da quitação de todos os tributos devidos à Fazenda Pública interessada, relativos à atividade em cujo exercício contrata ou concorre.

[...]

Art. 205. A lei poderá exigir que a prova da quitação de determinado tributo, quando exigível, seja feita por certidão negativa, expedida à vista de requerimento do interessado, que contenha todas as informações necessárias à identificação de sua pessoa, domicílio fiscal e ramo de negócio ou atividade e indique o período a que se refere o pedido.

Parágrafo único. A certidão negativa será sempre expedida nos termos em que tenha sido requerida e será fornecida dentro de 10 (dez) dias da data da entrada do requerimento na repartição.

Art. 206. Tem os mesmos efeitos previstos no artigo anterior a certidão de que conste a existência de créditos não vencidos, em curso de cobrança executiva em que tenha sido efetivada a penhora, ou cuja exigibilidade esteja suspensa.

Art. 207. Independentemente de disposição legal permissiva, será dispensada da prova de quitação de tributos, ou o seu suprimento, quando se tratar de prática de ato indispensável para evitar a caducidade de direito, respondendo, porém, todos os participantes no ato pelo tributo porventura devido, juros de mora e penalidades cabíveis, exceto as relativas a infrações cuja responsabilidade seja pessoal ao infrator.

Art. 208. A certidão negativa expedida com dolo ou fraude, que contenha erro contra a Fazenda Pública, responsabiliza pessoalmente o funcionário que a expedir pelo crédito tributário e juros de mora acrescidos.

Parágrafo único. O disposto neste artigo não exclui a responsabilidade criminal e funcional que no caso couber.

CÓDIGO DE PROCESSO CIVIL (LEI Nº 5.869/1973)

Art. 1.026. Pago o imposto de transmissão a título de morte, e junta aos autos certidão ou informação negativa de dívida para com a Fazenda Pública, o juiz julgará por sentença a partilha.

DECRETO-LEI Nº 1.715/1979

Regula a expedição de certidão de quitação de tributos federais e extingue a declaração de devedor remisso.

Art 1º A prova de quitação de tributos, multas e outros encargos fiscais, cuja administração seja da competência do Ministério da Fazenda, será exigida nas seguintes hipóteses:

I – concessão de concordata e declaração de extinção das obrigações do falido;

II – celebração de contrato com quaisquer órgãos da Administração Federal Direta e Autarquias da União e participação em concorrência pública promovida por esses órgãos e entidades, observado, nesta última hipótese, o disposto no artigo 3º;

III – transferência de residência para o exterior;

IV – venda de estabelecimentos comerciais ou industriais por intermédio de leiloeiros;

V – registro ou arquivamento de distrato, alterações contratuais e outros atos perante o registro público competente, desde que importem na extinção de sociedade ou baixa de firma individual, ou na redução de capital das mesmas, exceto no caso de falência;

VI – outros casos que venham a ser estabelecidos pelo Poder Executivo.

§ 1º A prova de quitação prevista neste artigo será feita por meio de certidão ou outro documento hábil, na forma e prazo determinados pelo Ministro da Fazenda.

§ 2º A certidão de quitação será eficaz, dentro do seu prazo de validade e para o fim a que se destina, perante qualquer órgão ou entidade da Administração Federal, Estadual e Municipal, Direta ou Indireta.

§ 3º Para efeito do julgamento de partilha ou de adjudicação, relativamente aos bens do espólio ou às suas rendas, o Ministério da Fazenda prestará ao Juízo, as informações que forem solicitadas.

LEI Nº 8.212/1991

Dispõe sobre a organização da Seguridade Social, institui Plano de Custeio, e dá outras providências.

Art. 32. A empresa é também obrigada a:

[...]

IV – declarar à Secretaria da Receita Federal do Brasil e ao Conselho Curador do Fundo de Garantia do Tempo de Serviço – FGTS, na forma, prazo e condições estabelecidos por esses órgãos, dados relacionados a fatos geradores, base de cálculo e valores devidos da contribuição previdenciária e outras informações de interesse do INSS ou do Conselho Curador do FGTS; (redação da MP 449/2008)

§ 10. O descumprimento do disposto no inciso IV impede a expedição da certidão de prova de regularidade fiscal perante a Fazenda Nacional. (redação da MP 449/2008)

[...]

Art. 47. É exigida Certidão Negativa de Débito-CND, fornecida pelo órgão competente, nos seguintes casos: (redação da Lei 9.302/95)

I – da empresa:

a) na contratação com o Poder Público e no recebimento de benefícios ou incentivo fiscal ou creditício concedido por ele;

b) na alienação ou oneração, a qualquer título, de bem imóvel ou direito a ele relativo; c) na alienação ou oneração, a qualquer título, de bem móvel de valor superior a Cr$ 2.500.000,00 (dois milhões e quinhentos mil cruzeiros) incorporado ao ativo permanente da empresa;

d) no registro ou arquivamento, no órgão próprio, de ato relativo a baixa ou redução de capital de firma individual, redução de capital social, cisão total ou parcial, transformação ou extinção de entidade ou sociedade comercial ou civil e transferência de controle de cotas de sociedades de responsabilidade limitada; (redação da Lei nº 9.528/97)

II – do proprietário, pessoa física ou jurídica, de obra de construção civil, quando de sua averbação no registro de imóveis, salvo no caso do inciso VIII do art. 30.

[...]

LEI Nº 8.666/1993

Regulamenta o art. 37, inciso XXI, da Constituição Federal, institui normas para licitações e contratos da Administração Pública e dá outras providências.

Art. 27. Para a habilitação nas licitações exigir-se-á dos interessados, exclusivamente, documentação relativa a:

[...]

IV – regularidade fiscal.

[...]

Art. 29. A documentação relativa à regularidade fiscal, conforme o caso, consistirá em:

[...]

III – prova de regularidade para com a Fazenda Federal, Estadual e Municipal do domicílio ou sede do licitante, ou outra equivalente, na forma da lei;

IV – prova de regularidade relativa à Seguridade Social e ao Fundo de Garantia por Tempo de Serviço (FGTS), demonstrando situação regular no cumprimento dos encargos sociais instituídos por lei. (redação da Lei nº 8.883/94)

LEI Nº 9.051/1995

Dispõe sobre a expedição de certidões para a defesa de direitos e esclarecimentos de situações.

Art. 1º As certidões para a defesa de direitos e esclarecimentos de situações, requeridas aos órgãos da administração centralizada ou autárquica, às empresas públicas, às sociedades de economia mista e às fundações públicas da União, dos Estados, do Distrito Federal e dos Municípios, deverão ser expedidas no prazo improrrogável de quinze dias, contado do registro do pedido no órgão expedidor.

Art. 2º Nos requerimentos que objetivam a obtenção das certidões a que se refere esta lei, deverão os interessados fazer constar esclarecimentos relativos aos fins e razões do pedido.

LEI Nº 9.069/1995

Dispõe sobre o Plano Real, o Sistema Monetário Nacional, estabelece as regras e condições de emissão do REAL e os critérios para conversão das obrigações para o REAL, e dá outras providências.

Art. 60. A concessão ou reconhecimento de qualquer incentivo ou benefício fiscal, relativos a tributos e contribuições administrados pela Secretaria da Receita Federal fica condicionada à comprovação pelo contribuinte, pessoa física ou jurídica, da quitação de tributos e contribuições federais.

Manual das Certidões Negativas de Débito

DECRETO Nº 4.543/2002

Regulamenta a administração das atividades aduaneiras, e a fiscalização, o controle e a tributação das operações de comércio exterior.

Art. 118. A concessão e o reconhecimento de qualquer incentivo ou benefício fiscal relativo ao imposto ficam condicionados à comprovação pelo contribuinte, pessoa física ou jurídica, da quitação de tributos e contribuições federais (Lei nº 9.069, de 29 de junho de 1995, art. 60).

Parágrafo único. O disposto no *caput* não se aplica às importações efetuadas pela União, pelos Estados, pelo Distrito Federal, pelos Territórios e pelos Municípios.

ATO DECLARATÓRIO EXECUTIVO CORAT Nº 37/2003

Especifica casos de emissão, via Internet, da Certidão Positiva de Tributos e Contribuições Federais, com Efeitos de Negativa.

O COORDENADOR-GERAL DE ADMINISTRAÇÃO TRIBUTÁRIA, no uso de suas atribuições e tendo em vista o disposto no art. 9º, § 2º, da Instrução Normativa SRF nº 93, de 23 de novembro de 2001, declara:

Art. 1º A Certidão Positiva de Tributos e Contribuições Federais, com Efeitos de Negativa poderá ser obtida por meio da Internet, no endereço <http://www.receita.fazenda.gov.br>, quando, em relação ao sujeito passivo, constar a existência de débito de tributo ou contribuição federal cuja exigibilidade se encontre suspensa em virtude de:

I – impugnação ou recurso, nos termos das leis reguladoras do processo tributário administrativo;

II – parcelamento.

§ 1º A certidão de que trata este ato obedecerá ao modelo constante do anexo único e conterá, obrigatoriamente, a hora e a data de emissão, bem assim o código de controle.

Art. 2º A obtenção da Certidão Positiva de Tributos e Contrições Federais, com Efeitos de Negativa, nas hipóteses não contempladas nos incisos do artigo anterior, dependerá de requerimento a ser formalizado junto à unidade da Secretaria da Receita Federal com jurisdição sobre o domicílio fiscal do sujeito passivo.

Art. 3º Este ato entra em vigor na data de sua publicação.

INSTRUÇÃO NORMATIVA SRF Nº 438/2004

Dispõe sobre a prova de regularidade fiscal de imóvel rural.

O SECRETÁRIO DA RECEITA FEDERAL, no uso da atribuição que lhe confere o inciso III do art. 209 do Regimento Interno da Secretaria da Receita Federal, aprovado pela Portaria MF nº 259, de 24 de agosto de 2001, e tendo em vista o disposto no inciso XXXIV do art. 5º da Constituição, nos arts. 205 e 206 da Lei nº 5.172, de 25 de outubro de 1966 (Código Tributário Nacional – CTN), no art. 21 da Lei nº 9.393, de 19 de dezembro de 1996, e no art. 35 da Lei nº 10.522, de 19 de julho de 2002, resolve:

Da Certidão

Direito à obtenção

Art. 1º É assegurado o direito de obter certidão acerca da regularidade fiscal de imóvel rural, comprobatória do cumprimento das obrigações relacionadas com o Imposto sobre a Propriedade Territorial Rural (ITR), independentemente do pagamento de qualquer taxa.

Formalização do requerimento

Art. 2º A certidão a que se refere o art. 1º poderá ser requerida pelo:

I – próprio sujeito passivo, se pessoa física;

II – responsável perante o Cadastro Nacional da Pessoa Jurídica (CNPJ) ou seu preposto, se pessoa jurídica.

§ 1º A certidão poderá, também, ser requerida pelo administrador, sócio com responsabilidade ilimitada, ou pelo gerente ou procurador com poderes para esse ato.

§ 2º No caso de partilha ou adjudicação de bens de espólio e de suas rendas, poderá requerer a certidão o inventariante, o herdeiro, o meeiro ou o legatário, ou seus respectivos procuradores, devidamente habilitados.

§ 3º O requerimento de certidão relativa a imóvel de sujeito passivo incapaz deverá ser assinado por um dos pais, pelo tutor ou curador, ou pela pessoa responsável, por determinação judicial, por sua guarda.

Art. 3º O requerimento da certidão será formalizado por meio do documento "Requerimento de Certidão Negativa de Débitos de Imóvel Rural", de que trata o Anexo I, preenchido em duas vias.

§ 1º O formulário mencionado no *caput* poderá ser reproduzido livremente, por cópia reprográfica, e será disponibilizado na página da Secretaria da Receita Federal (SRF) na Internet, no endereço eletrônico <http://www.receita.fazenda.gov.br>.

Manual das Certidões Negativas de Débito   **113**

§ 2º No ato do requerimento, deverá ser apresentado documento original ou cópia autenticada que permita a identificação do requerente.

§ 3º Se o requerimento for formulado por procurador, deverá ser juntada a respectiva procuração, por instrumento público ou particular, ou cópia autenticada.

§ 4º Na hipótese de procuração por instrumento particular, será exigido o reconhecimento da firma do outorgante.

§ 5º Na hipótese de o requerente não constar do Cadastro de Imóveis Rurais (Cafir) como proprietário, titular do domínio útil ou possuidor a qualquer título do imóvel objeto do pedido, deverá comprovar esta situação no ato do pedido.

§ 6º Havendo débito cuja exigibilidade esteja suspensa por decisão judicial, deverão ser juntadas cópias dos seguintes documentos:

I – petição inicial;

II – decisão judicial que houver concedido a medida liminar ou tutela antecipada;

III – comprovantes dos depósitos judiciais ou demonstrativo da compensação efetuada por determinação judicial, quando for o caso;

IV – certidão narratória da ação que suspendeu a exigibilidade do crédito tributário.

Local para apresentação do requerimento
e competência para expedir

Art. 4º O requerimento da certidão poderá ser apresentado na unidade da SRF da jurisdição do imóvel rural ou do domicílio fiscal do sujeito passivo, cabendo a sua expedição ao titular da unidade que recepcionar o requerimento.

Da Certidão Negativa de Débitos de Imóvel Rural

Art. 5º A Certidão Negativa de Débitos do ITR será fornecida quando, em relação ao imóvel objeto do requerimento, não constar:

I – débitos relativos ao ITR;

II – falta de apresentação da Declaração do Imposto sobre a Propriedade Territorial Rural (DITR);

III – pendências cadastrais relativas ao imóvel.

§ 1º Na hipótese do inciso III, ou do § 5º do art. 3º, deverá ser providenciada a regularização dos dados cadastrais, com a observância das normas que regulam o Cafir.

§ 2º A certidão de que trata o *caput* será formalizada no documento a que se refere o Anexo II e conterá numeração seqüencial.

Da Certidão Positiva de Débitos de Imóvel Rural,
com Efeitos de Negativa

Art. 6º Será emitida "Certidão Positiva de Débitos de Imóvel Rural, com Efeitos de Negativa" quando, em relação ao imóvel objeto do requerimento, constar a existência de débito:

I – cuja exigibilidade esteja suspensa em virtude de:

a) moratória;

b) depósito do seu montante integral;

c) impugnação ou recurso, nos termos das normas reguladoras do processo administrativo tributário;

d) concessão de medida liminar em mandado de segurança;

e) concessão de medida liminar ou de tutela antecipada, em outras espécies de ação judicial; ou

f) parcelamento.

II – cujo lançamento se encontre no prazo legal de impugnação, nos termos do art. 15 do Decreto nº 70.235, de 6 de março de 1972.

Parágrafo único. A certidão de que trata este artigo será formalizada no documento a que se refere o Anexo III e conterá numeração seqüencial.

Das certidões emitidas pela Internet

Art. 7º A SRF disponibilizará, em sua página na Internet, no endereço referido no § 1º do art. 3º, as certidões de que tratam os arts. 5º e 6º, que substituem, para todos os fins, as certidões expedidas em suas unidades.

§ 1º As certidões referidas no *caput* obedecerão aos modelos constantes dos Anexos IV e V e conterão, obrigatoriamente, a hora e a data de emissão, bem assim o código de controle.

§ 2º A certidão de que trata o art. 6º poderá ser obtida pela Internet, nos termos do *caput*, somente nas hipóteses previstas nas alíneas "a", "c" e "f" do inciso I daquele artigo.

Prazo para a expedição da certidão

Art. 8º A certidão de que trata esta Instrução Normativa será expedida:

I – na hipótese do art. 7º, imediatamente após a solicitação formalizada pelo endereço eletrônico referido no § 1º do art. 3º;

II – nos demais casos, no prazo de dez dias, contado da data de recepção do requerimento na unidade da SRF.

Parágrafo único. (Revogado pela IN RFB nº 862/2008)

Manual das Certidões Negativas de Débito

Prazo de validade da certidão

Art. 9º O prazo de validade da certidão de que trata esta Instrução Normativa é de 180 (cento e oitenta) dias, contados da data de sua emissão, salvo o disposto nos §§ 1º e 2º. (Redação dada pela IN RFB nº 862, de 17 de julho de 2008)

§ 1º Na hipótese da alínea "c" do inciso I do art. 6º, a certidão requerida durante o prazo para impugnação ou recurso, quando ainda não apresentados, terá sua validade limitada à data final do referido prazo.

§ 2º O prazo de validade de certidão fornecida a sujeito passivo com débito objeto de impugnação ou recurso, na área administrativa, é limitado à data da ciência da decisão relativa à reclamação ou ao recurso.

§ 3º O uso da certidão a que se refere o § 2º, após a data da ciência da decisão, corresponde ao uso de certidão inidônea.

§ 4º A certidão terá eficácia, dentro do seu prazo de validade, como prova de regularidade quanto às obrigações relacionadas com o ITR, abrangendo, exclusivamente, o imóvel nela identificado.

Das Disposições Gerais

Art. 10. As certidões de que trata esta Instrução Normativa, comprobatórias de regularidade fiscal de imóvel rural perante a SRF, somente produzirão efeitos mediante confirmação de autenticidade no endereço eletrônico referido no § 1º do art. 3º.

Art. 11. Constatadas quaisquer pendências que impeçam a expedição da certidão, referentes ao pagamento do ITR, à apresentação da DITR, ou a dados cadastrais relativos ao imóvel rural, deverá ser fornecido ao requerente demonstrativo que especifique as irregularidades apuradas.

Art. 12. As pesquisas sobre a situação fiscal do imóvel serão procedidas pelo Sistema Eletrônico de Expedição de Certidões.

Art. 13. A certidão que for emitida com base em determinação judicial deverá conter, no campo "Observações", os fins a que se destina, nos termos da decisão que determinar sua expedição.

Art. 14. A certidão emitida nos termos desta Instrução Normativa referese, exclusivamente, à situação do imóvel perante a SRF, não constituindo, por conseguinte, prova de inexistência de débitos junto à Procuradoria-Geral da Fazenda Nacional.

Art. 15. Esta Instrução Normativa entra em vigor na data de sua publicação.

Art. 16. Fica formalmente revogada, sem interrupção de sua força normativa, a Instrução Normativa nº 94, de 23 de novembro de 2001.

LEI Nº 11.101/2005

Regula a recuperação judicial, a extrajudicial e a falência do empresário e da sociedade empresária.

Art. 52. Estando em termos a documentação exigida no art. 51 desta Lei, o juiz deferirá o processamento da recuperação judicial e, no mesmo ato:

[...]

II – determinará a dispensa da apresentação de certidões negativas para que o devedor exerça suas atividades, exceto para contratação com o Poder Público ou para recebimento de benefícios ou incentivos fiscais ou creditícios, observando o disposto no art. 69 desta Lei;

[...]

Art. 57. Após a juntada aos autos do plano aprovado pela assembléia-geral de credores ou decorrido o prazo previsto no art. 55 desta Lei sem objeção de credores, o devedor apresentará certidões negativas de débitos tributários nos termos dos arts. 151, 205, 106 da Lei nº 5.172, de 25 de outubro de 1966 – Código Tributário Nacional.

LEI Nº 11.128/2005

Dispõe sobre o Programa Universidade para Todos – PROUNI e altera o inciso I do art. 2º da Lei nº 11.096, de 13 de janeiro de 2005.

Art. 1º A adesão da instituição de ensino superior ao Programa Universidade para Todos – PROUNI, nos termos da Lei nº 11.096, de 13 de janeiro de 2005, dar-se-á por intermédio de sua mantenedora, e a isenção prevista no art. 8º dessa Lei será aplicada pelo prazo de vigência do termo de adesão, devendo a mantenedora comprovar, ao final de cada ano-calendário, a quitação de tributos e contribuições federais administrados pela Secretaria da Receita Federal, sob pena de desvinculação do Programa, sem prejuízo para os estudantes beneficiados e sem ônus para o Poder Público.

Parágrafo único. O atendimento ao disposto no art. 60 da Lei nº 9.069, de 29 de junho de 1995, para as instituições que aderirem ao Programa até 31 de dezembro de 2006 poderá ser efetuado, excepcionalmente, até 31 de dezembro de 2008. (Redação dada pela Lei 11.482/07)

Manual das Certidões Negativas de Débito

DECRETO Nº 6.106/2007

Dispõe sobre a prova de regularidade fiscal perante a Fazenda Nacional, altera o Decreto nº 3.048, de 6 de maio de 1999, que aprova o Regulamento da Previdência Social, e dá outras providências.

Art. 1º A prova de regularidade fiscal perante a Fazenda Nacional será efetuada mediante apresentação de:

I – certidão específica, emitida pela Secretaria da Receita Federal do Brasil, quanto às contribuições sociais previstas nas alíneas "a" , " b" e " c" do parágrafo único do art. 11 da Lei nº 8.212, de 24 de julho de 1991, às contribuições instituídas a título de substituição e às contribuições devidas, por lei, a terceiros, inclusive inscritas em dívida ativa do Instituto Nacional do Seguro Social e da União, por ela administradas;

II – certidão conjunta, emitida pela Secretaria da Receita Federal do Brasil e Procuradoria-Geral da Fazenda Nacional, quanto aos demais tributos federais e à Divida Ativa da União, por elas administrados.

Parágrafo único. A comprovação de inexistência de débito de que trata o art. 257 do Decreto nº 3.048, de 6 de maio de 1999, far-se-á mediante apresentação da certidão a que alude:

I – o inciso I do *caput*, em relação às contribuições de que tratam os incisos I, III, IV e V do parágrafo único do art. 195 do referido Decreto;

II – o inciso II do *caput*, em relação às contribuições de que tratam os incisos VI e VII do parágrafo único do art. 195 do referido Decreto.

Art. 2º As certidões de que trata este Decreto terão prazo de validade de cento e oitenta dias, contado da data de sua emissão.

Art. 3º O § 10 do art. 257 do Decreto nº 3.048, de 1999, passa a vigorar com a seguinte redação: "§ 10. O documento comprobatório de inexistência de débito será fornecido pelos órgãos locais competentes da Secretaria da Receita Federal do Brasil quanto às contribuições de que tratam os incisos I e III a VII do parágrafo único do art. 195."

Art. 4º As certidões de prova de regularidade fiscal emitidas nos termos do Decreto nº 5.586, de 19 de novembro de 2005, e deste Decreto, têm eficácia durante o prazo de validade nelas constante.

Art. 5º A Secretaria da Receita Federal do Brasil e a Procuradoria-Geral da Fazenda Nacional, no âmbito de suas competências, expedirão os atos necessários ao cumprimento do disposto neste Decreto.

Art. 6º Este Decreto entra em vigor na data de sua publicação.

Art. 7º Fica revogado o Decreto nº 5.586, de 19 de novembro de 2005."

INSTRUÇÃO NORMATIVA RFB Nº 734/2007

Dispõe sobre a emissão de certidões de prova de regularidade fiscal perante a Fazenda Nacional quanto aos tributos administrados pela Secretaria da Receita Federal do Brasil e dá outras providências

Da Emissão de Certidões

Art. 1º A emissão das certidões de que trata a Portaria Conjunta PGFN/ RFB nº 3, de 2 de maio de 2007, observará, relativamente aos tributos administrados pela Secretaria da Receita Federal do Brasil (RFB): I – no caso de certidão específica, o disposto na Instrução Normativa MPS/SRP nº 3, de 14 de julho de 2005; II – no caso de certidão conjunta PGFN/RFB, o disposto nesta Instrução Normativa. § 1º No caso de pessoa jurídica, a certidão conjunta PGFN/RFB será emitida em nome do estabelecimento matriz, ficando condicionada à regularidade fiscal de todos os estabelecimentos filiais. § 2º Aplica-se à emissão da certidão conjunta PGFN/RFB a que se refere o inciso II o disposto nos atos regulamentares expedidos pela Procuradoria-Geral da Fazenda Nacional (PGFN) em relação às inscrições em Dívida Ativa da União (DAU).

Da Certidão Conjunta Negativa

Art. 2º A certidão conjunta negativa de que trata o art. 2º da Portaria Conjunta PGFN/RFB nº 3, de 2007, será emitida quando for verificada a regularidade fiscal do sujeito passivo quanto aos tributos administrados pela RFB e quanto à DAU administrada pela PGFN. Parágrafo único. A regularidade fiscal, no âmbito da RFB, caracteriza-se pela não existência de pendências cadastrais e de débitos em nome do sujeito passivo, observadas, ainda, as seguintes condições: I – no caso de pessoa física, não constar como omissa quanto à entrega: a) da Declaração de Ajuste Anual do Imposto de Renda das Pessoas Físicas (DIRPF); b) da Declaração Anual de Isento (DAI), se desobrigada da entrega da DIRPF; c) da Declaração do Imposto sobre a Propriedade Territorial Rural (DITR), se estiver obrigada a sua apresentação; d) da Declaração do Imposto de Renda Retido na Fonte (DIRF), se estiver obrigada a sua apresentação; II – no caso de pessoa jurídica: a) constar, em seu nome, recolhimento regular dos valores devidos a título de contribuição para o Programa de Formação do Patrimônio do Servidor Público (Pasep), abrangendo os doze meses que antecedem à formalização do pedido, na hipótese de o interessado ser Estado, o Distrito Federal ou Município; b) que não figure como omissa quanto à entrega: 1. da Declaração de Informações Econômico-Fiscais da Pessoa Jurídica (DIPJ); 2. da Declaração Simplificada e da Declaração Simplificada das Pessoas Jurídicas – Simples, para as microempresas e empresas de pequeno porte enquadradas no Simples, conforme o ano-calendário

Manual das Certidões Negativas de Débito

a que se referir; 3. da Declaração Simplificada e da Declaração Simplificada das Pessoas Jurídicas Inativas (Declaração de Inatividade), para as pessoas jurídicas consideradas inativas, conforme o ano-calendário a que se referir; 4. da Declaração de Débitos e Créditos Tributários Federais (DCTF); 5. da Declaração do Imposto de Renda Retido na Fonte (DIRF); e 6. da Declaração do Imposto sobre a Propriedade Territorial Rural (DITR), se estiver obrigada a sua apresentação.

Da Certidão Conjunta Positiva com Efeitos de Negativa

Art. 3º A certidão conjunta positiva com efeitos de negativa, de que trata o art. 3º da Portaria Conjunta PGFN/RFB nº 3, de 2007, será emitida quando não existirem pendências cadastrais em nome do sujeito passivo e constar, em seu nome, somente a existência de débito: I – cuja exigibilidade esteja suspensa em virtude de: a) moratória; b) depósito do seu montante integral; c) impugnação ou recurso, nos termos das leis reguladoras do processo tributário administrativo; d) concessão de medida liminar em mandado de segurança; e) concessão de medida liminar ou de tutela antecipada, em outras espécies de ação judicial; ou f) parcelamento, hipótese na qual deve constar, em seu nome, recolhimento regular das parcelas devidas: 1. ao Programa de Recuperação Fiscal (Refis), ou ao parcelamento a ele alternativo, de que trata a Lei nº 9.964, de 10 de abril de 2000, desde a data de opção, relativamente às pessoas jurídicas que aderiram a esse programa; 2. ao Parcelamento Especial (Paes), de que trata a Lei nº 10.684, de 30 de maio de 2003, desde a data de opção, relativamente às pessoas físicas e jurídicas que aderiram a esse parcelamento; e 3. em decorrência de qualquer outra modalidade de parcelamento concedido pela RFB. II – cujo lançamento se encontre no prazo legal para impugnação ou recurso, nos termos do Decreto nº 70.235, de 6 de março de 1972. § 1º A pessoa jurídica em relação à qual não constar regularidade nos registros da RFB, quanto aos recolhimentos referidos no item "1" da alínea "f" do inciso I do *caput* deste artigo, relativamente a períodos em que não tenha auferido receita bruta, atendidos os demais requisitos, poderá obter a certidão mediante justificativa de ausência de recolhimento, prestada no ato do requerimento, por meio do preenchimento do formulário constante no Anexo I. § 2º A certidão de que trata este artigo terá os mesmos efeitos da certidão conjunta negativa.

Art. 4º Nas hipóteses das alíneas "b", "d" e "e" do inciso I do *caput* do art. 3º, deverão ser juntadas ao requerimento cópias dos depósitos, das decisões e de outros documentos que comprovem a suspensão da exigibilidade do crédito tributário. Parágrafo único. A apresentação de cópias dos depósitos, decisões ou outros documentos de que trata o *caput* poderá ser dispensada quando constatada a suspensão da exigibilidade do crédito tributário.

Da Certidão Conjunta Positiva

Art. 5º A certidão conjunta positiva de que trata o art. 4º da Portaria Conjunta PGFN/RFB nº 3, de 2007, no âmbito da RFB, será emitida pela unidade do domicílio tributário do sujeito passivo, quando não for comprovada a sua regularidade fiscal, nos termos dos arts. 1º a 4º desta Instrução Normativa.

Da Formalização do Requerimento de Certidão Conjunta

Art. 6º As certidões de que tratam os arts. 2º e 3º serão solicitadas e emitidas por meio da Internet, nos endereços eletrônicos <http://www.receita.fazenda.gov.br> ou <http://www.pgfn.fazenda.gov.br>.

Art. 7º Na impossibilidade de emissão de certidão pela Internet e havendo indicação para que o interessado compareça à RFB, o sujeito passivo deverá apresentar requerimento de emissão de certidão conjunta na unidade da RFB de seu domicílio tributário.

Art. 8º A certidão conjunta poderá ser requerida pelas pessoas referidas no art. 8º da Portaria Conjunta PGFN/RFB nº 3, de 2007.

Art. 9º O requerimento de certidão será efetuado por meio do formulário "Requerimento de Certidão Conjunta" constante no Anexo II. Parágrafo único. O formulário de que trata o *caput* poderá ser reproduzido livremente, por cópia reprográfica, e será disponibilizado nas páginas da RFB e da PGFN na Internet, nos endereços eletrônicos referidos no art. 6º.

Das Disposições Gerais

Art. 10. Na hipótese de concessão ou reconhecimento de qualquer incentivo ou benefício fiscal, no âmbito da RFB, é vedada a exigência da certidão conjunta de que trata o art. 1º da Portaria Conjunta PGFN/RFB nº 3, de 2007, cabendo a verificação de regularidade fiscal do sujeito passivo à unidade da RFB encarregada da análise do pedido.

Art. 11. As pesquisas sobre a situação fiscal e cadastral do requerente restringir-se-ão ao sistema eletrônico de emissão de certidões.

Art. 12. Esta Instrução Normativa entra em vigor na data de sua publicação.

Art. 13. Ficam revogadas, sem interrupção de sua força normativa, as Instruções Normativas SRF nº 574, de 23 de novembro de 2005, nº 586, de 20 de dezembro de 2005, e nº 654, de 25 de maio de 2006.

PORTARIA CONJUNTA PGFN/RFB Nº 3/2007

Dispõe sobre a prova de regularidade fiscal perante a Fazenda Nacional e dá outras providências.

O PROCURADOR-GERAL DA FAZENDA NACIONAL e o SECRETÁRIO DA RECEITA FEDERAL DO BRASIL, no uso de suas atribuições e tendo em vista o disposto nos arts. 205 e 206 da Lei nº 5.172, de 25 de outubro de 1966 – Código Tributário Nacional (CTN), no art. 62 do Decreto-Lei nº 147, de 3 de fevereiro de 1967, no § 1º do art. 1º do Decreto-Lei nº 1.715, de 22 de novembro de 1979, no inciso IV do § 8º do art. 257 do Decreto nº 3.048, de 6 de maio de 1999, alterado pelo Decreto nº 3.265, de 29 de novembro de 1999, no Decreto nº 6.106, de 30 de abril de 2007, e no inciso III do art. 3º da Portaria MF nº 289, de 28 de julho de 1999, resolvem:

Da Prova de Regularidade Fiscal

Art. 1º A prova de regularidade fiscal perante a Fazenda Nacional será efetuada mediante apresentação de:

I – certidão específica, emitida pela Secretaria da Receita Federal do Brasil (RFB), com informações da situação do sujeito passivo quanto às contribuições sociais previstas nas alíneas "a", "b" e "c" do parágrafo único do art. 11 da Lei nº 8.212, de 24 de julho de 1991, às contribuições instituídas a título de substituição, e às contribuições devidas, por lei, a terceiros, inclusive às inscritas em dívida ativa do Instituto Nacional do Seguro Social (INSS); e

II – certidão conjunta, emitida pela RFB e Procuradoria-Geral da Fazenda Nacional (PGFN), com informações da situação do sujeito passivo quanto aos demais tributos federais e à Divida Ativa da União, por elas administrados.

§ 1º A comprovação de inexistência de débito de que trata o art. 257 do Decreto nº 3.048, de 6 de maio de 1999, far-se-á mediante apresentação da certidão a que alude:

I – o inciso I do *caput*, em elação às contribuições de que tratam os incisos I, III, IV e V do parágrafo único do art. 195 do referido Decreto;

II – o inciso II do *caput*, em relação às contribuições de que tratam os incisos VI e VII do parágrafo único do art. 195 do referido Decreto.

§ 2º A certidão de que trata o inciso I do *caput* será emitida conforme os modelos constantes nos Anexos XI a XIX a esta Portaria, nos termos do disposto na Instrução Normativa MPS/SRP nº 3, de 14 de julho de 2005.

§ 3º O direito de obter certidão nos termos desta Portaria é assegurado ao sujeito passivo, devidamente inscrito no Cadastro Nacional da Pessoa Jurídica (CNPJ) ou no Cadastro Nacional da Pessoa Física (CPF), independentemente do pagamento de taxa.

§ 4º No caso de pessoa jurídica, a certidão será emitida em nome da matriz e abrangerá todas as suas filiais.

Da Certidão Conjunta Negativa

Art. 2º A "Certidão Conjunta Negativa de Débitos relativos a Tributos Federais e à Dívida Ativa da União" será emitida quando não existirem pendências em nome do sujeito passivo:

I – perante a RFB, relativas a débitos, a dados cadastrais e à apresentação de declarações; e

II – perante a PGFN, relativas a inscrições em cobrança.

Parágrafo único. A certidão de que trata este artigo será emitida conforme os modelos constantes nos Anexos I e II a esta Portaria.

Da Certidão Conjunta Positiva com Efeitos de Negativa

Art. 3º A "Certidão Conjunta Positiva com Efeitos de Negativa de Débitos relativos a Tributos Federais e à Dívida Ativa da União" será emitida quando, em relação ao sujeito passivo, constar débito relativo a tributo federal ou a inscrição em Dívida Ativa da União, cuja exigibilidade esteja suspensa na forma do art. 151 da Lei nº 5.172, de 25 de outubro de 1966 – Código Tributário Nacional (CTN).

§ 1º A certidão de que trata o caput também será emitida quando, em relação ao sujeito passivo, existir débito:

I – relativo a tributo federal cujo lançamento se encontre no prazo legal de impugnação, conforme art. 15 do Decreto nº 70.235, de 6 de março de 1972;

II – inscrito em Dívida Ativa da União, garantido mediante penhora de bens cuja avaliação seja igual ou superior ao montante do débito atualizado.

§ 2º A certidão de que trata este artigo terá os mesmos efeitos da "Certidão Conjunta Negativa de Débitos relativos a Tributos Federais e à Dívida Ativa da União" e será emitida conforme os modelos constantes nos Anexos III a VIII a esta Portaria.

Da Certidão Conjunta Positiva

Art. 4º A "Certidão Conjunta Positiva de Débitos relativos a Tributos Federais e à Dívida Ativa da União" indicará a existência de pendências do sujeito passivo:

I – perante a RFB, relativas a débitos, a dados cadastrais e à apresentação de declarações; e

II – perante a PGFN, relativas a inscrições em cobrança.

Parágrafo único. A certidão de que trata este artigo será emitida conforme os modelos constantes nos Anexos IX e X a esta Portaria.

Manual das Certidões Negativas de Débito

Da Emissão de Certidões

Art. 5º As certidões de que tratam os arts. 2º e 3º serão solicitadas e emitidas por meio da Internet, nos endereços eletrônicos <http://www.receita.fazenda.gov.br> ou <http://www.pgfn.fazenda.gov. br>.

Parágrafo único. Quando as informações constantes das bases de dados forem insuficientes para a emissão das certidões na forma do *caput* deste artigo, será prestada ao sujeito passivo, em resposta a sua solicitação, orientação para comparecer a uma unidade da RFB ou da PGFN, conforme o caso.

Art. 6º A certidão de que trata o art. 4º será emitida, pelas unidades da RFB ou PGFN, exclusivamente mediante sistema informatizado específico.

Da Formalização e Local de Apresentação do Requerimento

Art. 7º Na impossibilidade de emissão pela Internet, o sujeito passivo deverá apresentar requerimento de certidão conjunta perante o órgão indicado na resposta à solicitação de que trata o art. 5º.

§ 1º O requerimento deverá ser apresentado perante a unidade da RFB ou da PGFN do domicílio tributário do sujeito passivo.

§ 2º Na hipótese de indicação para que o sujeito passivo compareça à RFB e à PGFN, deverão ser apresentados requerimentos específicos em cada órgão, observado o disposto no art. 9º desta Portaria.

Art. 8º A certidão poderá ser requerida pelo sujeito passivo:

I – se pessoa física, pessoalmente ou por procurador;

II – se pessoa jurídica ou ente despersonalizado obrigado à inscrição no CNPJ, pelo responsável ou seu preposto perante o referido cadastro.

§ 1º Na hipótese do inciso II do caput deste artigo, a certidão poderá ser requerida também por sócio, administrador ou procurador, com poderes para a prática desse ato.

§ 2º No caso de partilha ou adjudicação de bens de espólio e de suas rendas, poderá requerer a certidão o inventariante, o herdeiro, o meeiro ou o legatário, ou seus respectivos procuradores.

§ 3º O requerimento de certidão relativa a sujeito passivo incapaz deverá ser assinado por um dos pais, pelo tutor ou curador, ou pela pessoa responsável, por determinação judicial, por sua guarda.

§ 4º O requerente deverá apresentar documento de identidade original ou cópia autenticada.

§ 5º Na hipótese de requerimento em que conste firma reconhecida, fica dispensada a apresentação do documento de identidade do requerente.

§ 6º Se o requerimento for efetuado por procurador, deverá ser juntada a respectiva procuração, conferida por instrumento público ou particular, ou cópia autenticada, observado o disposto nos §§ 4º e 5º.

§ 7º Na hipótese de procuração conferida por instrumento particular, poderá ser exigido o reconhecimento da firma do outorgante, quando houver dúvida sobre a autenticidade de sua assinatura.

§ 8º A RFB e a PGFN especificarão, no âmbito de suas competências, as informações ou documentos que, além dos mencionados neste artigo, deverão instruir o requerimento.

Art. 9º O requerimento será efetuado por meio de formulário específico fornecido pelo órgão perante o qual for requerida a certidão conjunta.

Parágrafo único. O formulário de que trata o *caput* será disponibilizado nas páginas da RFB e da PGFN na Internet, nos endereços eletrônicos referidos no art. 5º, e poderá ser reproduzido livremente por cópia reprográfica.

Da Competência para a Certificação
da Regularidade Fiscal

Art. 10. A certificação da regularidade fiscal do sujeito passivo compete:

I – no âmbito da RFB, ao titular da Delegacia da Receita Federal do Brasil (DRF), da Delegacia da Receita Federal do Brasil de Administração Tributária (Derat), Delegacia Especial de Instituições Financeiras (Deinf), Delegacia da Receita Federal do Brasil Previdenciária (DRP); e

II – no âmbito da PGFN, a Procurador da Fazenda Nacional.

Do Prazo para a Emissão

Art. 11. A certidão conjunta de que trata esta Portaria será emitida no prazo de dez dias, contados da data de apresentação do requerimento à unidade da RFB ou da PGFN.

Do Prazo de Validade das Certidões

Art. 12. O prazo de validade das certidões de que trata esta Portaria é de 180 dias, contados da data de sua emissão, à exceção da certidão a que se refere o art. 4º.

§ 1º Na hipótese de existência de débito com exigibilidade suspensa em virtude de impugnação ou recurso, nos termos das leis reguladoras do processo tributário administrativo, a certidão emitida durante o prazo para impugnação ou recurso, quando ainda não apresentada ou interposto, terá validade de sessenta dias.

Manual das Certidões Negativas de Débito

§ 2º A certidão conjunta terá eficácia, dentro do seu prazo de validade, para prova de regularidade fiscal relativa aos tributos federais administrados pela RFB e à Dívida Ativa da União administrada pela PGFN.

Do Cancelamento da Certidão Conjunta

Art. 13. Compete às autoridades referidas no art. 10 a determinação de cancelamento das certidões disciplinadas por esta Portaria.

Parágrafo único. O cancelamento de certidão será efetuado mediante ato a ser publicado no Diário Oficial da União (DOU), dispensada a edição e publicação nos casos de revogação ou cassação de decisão judicial que tenha justificado a sua emissão.

Das Disposições Gerais

Art. 14. Somente terão validade as certidões emitidas eletronicamente, pela Internet ou pelas unidades da RFB ou da PGFN, mediante sistema informatizado específico, sendo vedada qualquer outra forma de certificação manual ou eletrônica.

§ 1º As certidões referidas no *caput* conterão, obrigatoriamente, a hora e a data de emissão e o respectivo código de controle.

§ 2º Somente produzirá efeitos a certidão conjunta cuja autenticidade for confirmada nos endereços eletrônicos referidos no art. 5º.

Art. 15. A certidão que for emitida com fundamento em determinação judicial deverá conter, em campo específico, os fins a que se destina, nos termos da decisão que determinar sua emissão.

Art. 16. Fica dispensada a apresentação de certidão conjunta na alienação ou oneração, a qualquer título, de bem imóvel ou direito a ele relativo, que envolva empresa que explore exclusivamente atividade de compra e venda de imóveis, locação, desmembramento ou loteamento de terrenos, incorporação imobiliária ou construção de imóveis destinados à venda, desde que o imóvel objeto da transação esteja contabilmente lançado no ativo circulante e não conste, nem tenha constado, do ativo permanente da empresa.

Parágrafo único. A certidão a que se refere este artigo será substituída por declaração, que constará do registro do imóvel, prestada pela pessoa jurídica alienante, sob as penas da lei, de que atende às condições mencionadas no caput, relativamente à atividade exercida, e que o imóvel objeto da transmissão não faz parte de seu ativo permanente.

Art. 17. O disposto nesta Portaria aplica-se, inclusive, aos requerimentos de certidão pendentes de apreciação pelas unidades da RFB e da PGFN.

Art. 18. A RFB e a PGFN expedirão, no âmbito das respectivas competências, os atos necessários ao cumprimento desta Portaria.

Disposições Finais

Art. 19. Esta Portaria entra em vigor na data de sua publicação

Art. 20. Ficam revogadas as Portarias Conjuntas PGFN/SRF nº 3, de 22 de novembro de 2005, e nº 1, de 19 de maio de 2006.

Impressão:
Evangraf
Rua Waldomiro Schapke, 77 - P. Alegre, RS
Fone: (51) 3336.2466 - Fax: (51) 3336.0422
E-mail: evangraf.adm@terra.com.br